人格标识商业利用
法律问题研究

曾　丽◎著

吉林人民出版社

图书在版编目（CIP）数据

人格标识商业利用法律问题研究 / 曾丽著 . -- 长春：
吉林人民出版社，2021.3
ISBN 978-7-206-17953-2

Ⅰ．①人… Ⅱ．①曾… Ⅲ．①人格－权益保护－研究
－中国 Ⅳ．① D923.4

中国版本图书馆 CIP 数据核字（2021）第 049595 号

责任编辑：田子佳
封面设计：李新琴

人格标识商业利用法律问题研究
RENGE BIAOSHI SHANGYE LIYONG FALÜ WENTI YANJIU

著　　者：曾　丽
出版发行：吉林人民出版社
　　　　　（长春市人民大街 7548 号　　邮政编码：130022）
印　　刷：长春市昌信电脑图文制作有限公司
开　　本：787mm×1092mm　　　　　　　1/16
印　　张：12　　　　　　字　　数：200 千字
标准书号：ISBN 978-7-206-17953-2
版　　次：2021 年 6 月第 1 版　印　　次：2021 年 6 月第 1 次印刷
定　　价：68.00 元

如发现印装质量问题，影响阅读，请与印刷厂联系调换。

目　录

第一部分　基础研究

第二部分　比较研究

第三部分　结　论

导 论

一、问题缘起与研究意义

随着现代传媒技术的革新与现代商业的繁荣，各类商业广告铺天盖地，都市中生活的人们随时随地都可能受到广告的视觉、听觉冲击。或许它们早已经让你麻木甚至厌烦，但你却不得不承认它们对你的生活仍产生着比你想象的更深远的影响。譬如，你明知很多饮料、零食是对健康无益的，但还是会偶尔经不住广告的诱惑想尝试一下或过过嘴瘾；面对同种类的不同商家的产品，在对它们的质量缺乏理性认识的情况下，包装上的宣传对你的购买选择就有至关重要的作用，尤其是由某个你喜欢的明星代言商品或许更容易在不知不觉中留住你的脚步。

名人代言只是众多广告方式中的一种，却是众商家最常用且屡试不爽的一种。因为它将消费者对某位明星的熟悉或喜爱悄然地转化到其所代言的产品上，拉近消费者和产品之间的心理距离。如果代言明星还表现出对产品的支持、赞许、推荐态度，那这种信任感与好感的转化将更明显。自然人的人格标识与产品联系起来发挥助销产品的作用增加商家的经济利益，如果商家不将增加的经济利益以代言费的形式分一部分给代言者，谁还愿意为其产品代言呢？那么，代言者获得代言费的理论基础何在？

另一方面，始终有那么一部分人希望独享好处，利用他人人格标识宣传产品却不支付代言费。因此，在网络上、小型媒体上甚至大街小巷、偏远山村的招贴广告上，众多产品"代言人"对自己的人格标识与某一产品发生的联系根本毫不知情，也无从控制。这种现象被媒体人称为"被代言"。自 20 世纪 80 年代开始，陆续有名人到法院提起诉讼，要求禁止经营者未经同意对其人格标识的商业利用并赔偿损失。近年来，法院受理的被代言案件日益增加。那么，被代言者又该如何获得法律救济？

上述人格标识商业利用现象植根于人格要素却产生财产利益，在以人格权与财产权二分理论建构的大陆法传统中，应定位何处？以我国民法为例，民法中人格权以保护精神利益为己任，财产利益由物权、债权等财产权保护。但人格标识财产利益与物权、债权等传统财产权不同，没有明确可支配的对象，也不具有可耗竭性，甚至支付了使用费的使用者也不能像获得实体物所有权的购买者那样随意支配、使用人格标识。目前各地法院在案件分类时，仍将人格标识商业利用案件归于人格权侵权类。实践中也是以民法通则中有关人格权的规定为依据进行判决，承认明星代言费的合理性，但均缺乏有说服力的判决理由。所幸的是，近三十年来已有不少国内文章对这一问题的理论研究有所推进；更幸运的是，这一问题也不是中国独有的问题，国际视野下可资借鉴的制度设计、可供研究的学术成果更为丰富。

进入 21 世纪以来，随着人格标识商业利用现象的频繁，国内学术界对该问题也日益重视。总体上看，我国学者对人格标识商业利用中所涉及利益的权利保护主要有两种观点：一是，主张借鉴美国隐私权和公开权，将人格标识商业利用中的精神利益通过传统人格权保护，人格标识商业利用中的财产利益通过财产权保护。二是，主张借鉴德国一般人格权，通过改造传统人格权，将人格标识中的财产利益纳入人格权予以保护，实现人格标识商业利用问题在人格权模式下的统一保护。但学界的研究远未达成共识，如人格标识权、商品化权、商事人格权、一般人格权等，可谓百家争鸣，各有千秋。术语选择的不同也体现了研究视角的差异。如，李明德的《美国人格标识权法研究》一文和孙法柏、姜新东的《名人人格标识的商业化利用及其权利保护沿革——人格标识权的历史解读》一文均通过公开权从人格标识财产利益保护的角度探讨人格标识商业利用问题。吴汉东的《人格标识的商品化与商品化的人格标识权》一文则是主张通过商品化权这一类似于知识产权的权利予以保护。另外也不乏有学者，从人格权制度之历史流变或人格标识商业利用问题之历史发展角度做全面梳理，从而为分析人格标识商业利用问题在现行法理体系中的困境提供很好的素材。但现有研究成果中系统全面深入介绍国外制度者寡，深入剖析美国或德国制度与我国现行制度之衔接以及人格标识商业利用中所涉及基本法理问题者甚寡。

随着 2020 年《中华人民共和国民法典》在全国人大通过，人格权是否独立成编的争论尘埃落定。人格标识之财产利益得到了民法的确认。人格权编明确规定了人格标识许可使用合同及其解释、解除规则。人格标识许可使用制度与传统人格权、侵权规则之间的衔接、解释与适用成为研究的重点和落脚点。因此，在比较研究基础上，结合我国司法实践探索的历程，为人格标识许可使用和侵权保护提供解释论基础，当为人格权研究不可推卸的责任。

二、国内外学术史梳理及研究动态

（一）国外研究的学术史梳理及研究动态

国外对人格标识上经济利益保护的研究起步早，成果丰富。20 世纪 50 年代，随着美国弗兰克法官提出公开权概念，尼莫（Melville Nimmer）以《公开权》一文建构了保护人格标识上经济利益的理论雏形。20 世纪 60 年代，戈登以《姓名和肖像中的财产权》一文实现了人格标识经济利益的独立保护。20 世纪 70 年代，国外学术界对人格标识经济利益的承认和保护基本达成共识。

纵观半个多世纪以来的国外研究，其主要围绕以下三大核心问题展开：其一，人格标识上经济利益保护的理论基础。以马多（Michael Madow）、布朗（Jeffrey J.Brown）、埃梅利（Alice Haemmerli）和麦克纳（Mark P.McKenna）为代表的学者分别形成了劳动理论、分配效率论、康德财产理论和人格自治理论等颇具代表性的观点。虽然劳动理论被实践最广泛地接受，但其诸多缺陷带来的争议使得国外学者尚未达成共识；其二，人格标识上经济利益保护的制度建构和完善。以麦卡锡（J.Thomas McCarthy）、尼莫为代表的学者对人格标识上经济利益的保护方式、保护期限、可转让性、可继承性等制度建构层面的问题做了较为全面的论述。但以实践总结为重，理论深度和系统性不足；其三，人格标识上经济利益保护制度的比较研究。以斯密斯（Huw Beverley-Smith）、巴斯（Ellen S.Bass）、伯格曼（Susanne Bergmann）为代表的学者对世界范围内现存的三种人格标识上经济利益保护模式（德国一般人格权模式、美国公开权模式、英国反不正当竞争模式）做了较全面的比较研究。但上述研究对制度建构背后的深层社会动因和法理土壤分析不足，使得其研究成果的知识性价值大于理论性价值，难以为我国制度移植提供有力的理论支撑。

国外司法探索和学理研究的丰硕成果对于研究我国人格标识商业使用权具有参考借鉴意义，尤其是对研究我国人格标识商业使用权的理论基础、侵权构成要件、免责事由和损害赔偿计算等具体问题，具有重要借鉴意义。

（二）国内研究的学术史梳理及研究动态

国内学术界对人格标识上经济利益保护问题的关注始于20世纪90年代中期。研究成果可以分为以下三个阶段：

第一阶段，提出问题阶段（1994—2000）。以《人格权法新论》（王利明，1994）、"论一般人格权及其民法保护"（杨立新，1996）为代表的著作，提出人格标识上的经济利益保护是值得关注的民法议题，但未进入实质性研究。

第二阶段，美国和德国的司法经验与学术成果引入阶段（1998—2011）。这一阶段的国内研究成果最丰富，按研究思路可分为以下三个分支：一是介绍并主张借鉴美国公开权（又译为人格标识权）。代表著作有：《论人格标识权》（董炳和，1998）、《商事人格权刍议》（程合红，2000）、《美国人格标识权法研究》（李明德，2003）、《人格标识的商品化与商品化的人格标识权》（吴汉东，2004）、《论人格标识商品化权及其民法保护》（杨立新、林旭霞，2006）等。二是介绍并主张借鉴德国一般人格权。代表著作有：《人格权法研究》（王利明，2005）、"人格权保护课题与展望"系列文章（王泽鉴，2006—2008）、《人格权与财产权关系考》（马特，2007）、《论一般人格权作为基本权利之保护手段》（张红，2009）等。三是比较研究美国公开权和德国一般人格权并探索我国人格权研究的出路。代表著作有：《论人格权的衍生利益——以人格标识的商业利用为中心》（严城，2010）、《人格标识上经济利益的民法保护——学说考察与理论探讨》（陈龙江，2011）等。

第三阶段，本土化探索阶段（2014—2019）。这一阶段研究成果聚焦在人格标识商业使用权的权利构造和侵权救济两个方面。研究人格标识商业使用权的权利构造的代表著作有：《论人格权请求权与侵权损害赔偿请求权的分离》(王利明，2019）、《人格商业化利用权的教义学构造》（刘召成，2014）、《标表型人格权的构造与人格权商品化批判》（房绍坤、曹相见，2018）；研究人格标识被擅自商业使用的侵权救济与获利赔偿的代表著作有：《论标表型人格权》（温世扬，2014）、《论人格权擅自商业化利用中的获利赔偿请求权》（王叶刚，2016）、《论人格权财产利益的法律保护——以侵权责任法第二十条为中心》（岳叶鹏，2018）、《民法典之姓名权立法论》（张红，2019）、《人格权侵权获利赔偿的请求权基础研究》（黄芬，2019）。

总体上，学术界对人格标识上经济利益应当予以保护是达成共识的。正是基于此共识和学术成果的积淀，民法典得以突破性地规定人格标识的许可使用。但从体系建构上看，至今还存在一些比较薄弱的方面：其一，人格标识上经济利益受保护的理论基础。理论基础是人格标识商业使用权确权的基础和禁止滥用的界限。目前国内对这一问题的研究相对薄弱，虽有劳动价值理论、人格自治理论和促销价值论等观点的呈现，但尚未达成共识。其二，人格标识商业使用权的性质。人格标识商业使用权究竟是人格权还是财产权，学界一直有争议。这一问题的核心是明晰人格标识商业使用权与标表型人格权的关系。现有成果已将人格标识商业使用权从标表型人格权中剥离出来，但尚需进一步解决人格与财产的界分、权利客体理论的建构两大难题。其三，人格标识商业使用权的权利构造。这是人格标识商业使用权得以确权的"立身之本"。现有成果涉及人格标识商业使用权的权利对象，但对权利主体、客体和权能缺乏系统研究。其四，人格标识许可使用。民法典人格权编已经明确规定了人格标识的许可使用，并确立了不同于一般合同的解释规则。但现有国内研究成果中鲜有关于人格标识许可使用的研究。其五，人格标识商业使用权侵权构成要件与损害赔偿。现有成果侧重于请求权基础与获利赔偿,缺乏对侵权构成要件、免责事由,尤其是损害赔偿计算方法等方面的研究。

三、研究方法与研究框架

本书沿着提出问题、解决问题的逻辑思路,以比较研究方法为主轴展开。在具体章节中还综合运用了历史分析方法(第二章第一节,第四章第一节至第三节,第五章第一节)、案例分析方法(第六章第三节)、法律解释方法(第七章第三节)、文献分析方法等研究方法。

在研究思路上有以下两点值得说明:(1)人格利益与财产利益的双重视角。虽然人格标识商业利用是围绕人格标识之财产价值展开,但不乏在商业利用过程中侵害人格利益的情形,更何况这种财产价值本身因为与人格标识相连而难以割舍其与人格利益的关系。人格标识上人格利益以及其与人格标识财产利益的关系的认识对人格标识财产利益的定位及保护模式选择是必不可少的。因此,本书选取人格利益与财产利益的双重视角检讨人格标识商业利用问题。(2)财产利益的研究为详,人格利益的研究为略。人格标识上承载的财产利益由于其介于传统人格权与财产权中间地带的特殊地位而成为民法学研究新问题与难点问题,也因此成为本书研究的重心。人格标识商业利用所涉及的人格利益的保护大部分可以通过现有人格权制度实现。因此本书对其的论述从略,摒弃重复性的工作,只是在出于认识论需要或涉及现行法律制度解释适用时花费心力。

第一部分

基础研究

基础知识

第一编

第一章 人格标识商业利用基础性问题

第一节 人格标识商业利用现象与法律术语选择

一、法律现象："代言"与"被代言"

古往今来，各时代均有名人，知名度给个人带来话语权、机遇甚至经济利益的现象也是自古就有的。但从古至今，名人数量从未如现代般如此庞大，知名度也从未如现代般与消费者发生紧密联系而产生巨大的经济利益。这一方面归功于现代传媒技术的革新，另一方面源于现代商业的繁荣。在印刷术时代，信息的传播以文字的形式缓慢而小范围地进行；电话、电视时代，信息的传播不再受时间、空间的限制；网络时代，不仅信息可以在其发生之时同时向全球传播，而且每个人都有一个表现自己的舞台。于是，一夜成名、一球成名甚至一语成名的现象在虚拟世界和现实世界随处可见。传媒技术革命下个人生活方式的快节奏、思维方式的趋感性化使大众在做出选择时更容易受到感官刺激的影响，广告业的繁荣正是基于此。现代商业已经不仅仅是必需品供应时代，企业欲在琳琅满目的商品中使自己的产品脱颖而出受到消费者的青睐，广告是不二的选择，通过广告不断强化消费者对产品的感官印象很容易带来产品销售额的增加。强化消费者对产品的感官印象，最便捷有利的方式莫过于借助已经在消费者心中留有印象的知名人士的"推介"，知名度就这样与经济利益紧紧地联系在了一起。

除了姓名、肖像外，声音、标志性的手势、姿势、口号、物件等可以让一般公众联想到某人的特征都可以起到产品宣传的作用。对非名人而言，因为其人格标识的可识别性相对较小，宣传作用比名人小很多。但如果某一品牌使用非名人的人格标识为产品做宣传，本身就可以说明该人格标识的某些特性对其产品而言具有某些宣传价值。因此，无论非名人还是名人，其人格标识均可能具有产品宣传的价值，从而产生经济利益。

自 20 世纪 80 年代开始，陆续有名人到法院提起诉讼，要求禁止经营者未经同意对其人格标识的商业利用并赔偿损失。近年来法院不得不越发频繁地面对这种新型的诉讼，其中的法律关系很难简单地归入现行民法体系。对这种新型法律关系的理论研究也有近二十年的历史，但无论在术语选择还是模式构建上都未达成共识。这类社会现象是通过个人外在人格标识中具有可识别性的因素影响消费者心理，这些可识别性因素或者可以更容易让产品在消费者心中留下印象，或者可以将消费者对某种人格标识的信赖联系于产品之上。

二、术语选择："人格标识商业利用"

对自然人表现于外的、具有宣传效果的因素及其用作产品宣传的现象应以怎样的术语概括更为科学？就大陆学术界而言，从民法角度研究该问题的学者主要有以下几种不同的表达方式：人格权的商业利用、人格权的商品化、人格标识商品化、人格符号商品化、人格标志商业利用。这些概念的使用虽不一定有严谨的定义，但所指代的社会现象具有一致性，基本都是针对上述人格标识商业利用的情形。术语选择的分歧体现在两个方面：一是对这种外在人格标识与经济利益相联系的现象的概括，有商品化与商业利用两种表达；二是对可能因可识别性引导消费的外在人格标识的概括，有人格权、人格要素、人格标识、人格符号或人格标志几种方式。

（一）"商业利用"一语的合理性

就外在人格标识与经济利益相联系的现象的概括，有商品化与商业利用两种表达，商品化专指原本不属于买卖流通和通过货币实行交换的事物，在市场经济条件下已经转化或变异为可以进行买卖和货币等价交换，指代的是一种性质变化的过程。但上述社会现象只是体现个人人格标识中具有一定经济利益，未达到性质上变为商品的程度。相较而言商业利用一词表达一种客观的事实，更具合理性。王泽鉴先生也认为："人格权上财产利益的肯定，非谓将人格权本身加以财产化，而是肯定个人的一定特征具有财产价值。"

（二）"人格标识"一词的明确指向性

对具有可识别性外在人格标识的概括中，"人格权"的使用最不合理。人格权在传统民法中是有特定含义的术语，指与财产权相对的、人与生俱来所享有的精神性权利。人格权是一种母权，也是一种发展中的概念。上述现象中用作商业利用的并非权利而是可识别性外在人格标识。"人格要素"是人格权的客体，在物质型人格权与精神型人格权的类型划分下，人格要素也被划分为物质型人格要素和精神型人格要素。因此，人格要素一词实际上只是对可能承载人格利益的因素的概括，不具有表现人格的可识别性功能。"人格标识"一般是指一个人的外表和容貌，它虽然具有实现个体之间区别性的功能，但并不足以体现上述现象中较强可识别性的要求。人格标识、人格符号、人格标志这三种表述都意识到了可识别性在产生经济价值中的核心作用，但人格符号从人与人之间社会关系角度考量，过于中性，缺乏对经济利益的针对性表达；"标志"在汉语语境中有两个含义，一是表明特征的记号，二是表明某种特征。人格特征既指代自然人也指代法人，在涉及人格利益时难以区别对待，而本书研究的商业利用现象仅限于自然人，因此本书选用人格标识一词，以针对性地表述自然人外在的具有可识别性的人格标识。

第二节 人格标识商业利用的概念与类型

一、人格标识商业利用的概念

人格标识是指自然人具有识别价值的个体性标志,包括姓名(涵盖绰号、乳名、笔名、艺名等)、肖像、声音以及由各个局部要素组合而成的可辨认出特定自然人的整体人格标识等。人格标识现在已经宽泛到包括几乎任何能与个人相联系的标志,包括有代表性的声音、与个人相关联的语句,甚至个人扮演的角色。有些案件中甚至不需要特征独一无二,只要所使用的语境能使人联想到某人即认为使用了他人的人格标识。被用作商业利用的人格标识包括:姓名、肖像、声音以及其他具有可识别性局部或整体人格标识、相关联物品等。商业利用即商业性使用(不限于我国民法通则一百条中规定的"以营利为目的"),是指将具有可识别性的自然人个体标志用于产品或服务以获得或增加经济利益的现象,如在商业产品上使用原告的人格标识或在为商业产品所做的广告中使用原告的人格标识。商业利用的形式包括,利用人格标识推广、助销产品或服务(促进产品销售),如广告宣传或将人格标识用于产品或服务上。人格标识商业利用即将自然人具有可识别性的个体性标志用作产品或服务的宣传或推广。对人格标识商业利用现象的认识可以通过类型化得以深入。

二、人格标识商业利用的类型

(一)支持性利用与非支持性利用

以利用形式是否体现人格标识权利人对产品或服务的推荐、支持等态度为标准,可将人格标识商业利用分为支持性利用与非支持性利用。支持性利用是体现人格标识权利人对商品或服务具有支持、推荐意味的商业利用,包括:(1)工具性支持,是对与职业领域息息相关的产品表示支持,如运动员代言运动器材或运动服。(2)非工具性支持,是对与职业领域完全无关的产品表示支持,如足球明星代言电信业务、网球运动员代言网络服务；非支持性利用没有任何支持意味，只是将产品或服务与某人的人格标识联系在一起吸引消费者的注意。

这种分类体现了权利人与产品不同程度的联系。在反不正当竞争模式下最具意义，因为仿冒是以让公众误以为原告对被告的产品有支持、推荐或许可意味为前提。

（二）擅自利用与许可利用

以对人格标识的利用是否依人格标识权利人意志进行为标准，可以将人格标识商业利用分为擅自利用和许可利用。前者指未经人格标识权利人同意擅自将其人格标识用作产品或服务的促销宣传的情形，后者指人格标识权利人与产品或服务销售者签订许可协议，授权将其人格标识用于产品或服务的促销宣传的情形。

这种分类的意义在于：前者研究重点在于所涉及利益被侵害者的事后救济（消极保护），后者的研究重点在于所涉及利益事前理论确定（积极保护），但无论事前确权或事后救济均以法律对人格标识商业利用中所涉及利益的承认为前提。

（三）涉及人格利益的商业利用与不涉及人格利益的商业利用

根据所涉及利益的性质可以将人格标识商业利用分为：（1）同时侵害人格标识所有人的财产利益与人格利益的商业利用。典型代表是以人格标识为产品做宣传影响其社会评价。（2）只侵害财产利益的商业利用。典型代表是未经同意擅自使用人格标识为广告宣传但不影响名人的社会评价。（3）只涉及精神利益侵害的人格标识商业利用。如原告根本不愿意其人格标识被商业利用。

这种分类一方面有助于我们认识人格标识商业利用中所涉及的利益性质以选择法律保护模式，另一方面也有助于我们对欲保护利益之范围加以界定。严格意义上讲，这种分类并不够周延，因为人格利益并不限于社会评价降低，还可能包括精神痛苦、自由限制等。在第一种情形中因为给被使用人造成了精神痛苦和社会评价降低等不良后果，人格利益受侵害的结论容易达成共识。第二种情形中虽然没有损及名誉，但是否就不涉及人格利益仍有争议，如美国法院认为强制名人代言某种产品是一种强制言论的利益损害。此处勉强分类权当强调人格标识商业利用中所涉及的利益既有财产利益也有人格利益，将这两种利益凸现出来有助于研究对象和范围的澄清。

第三节 人格标识商业利用中的利益类型

人格标识商业利用问题涉及人格利益与财产利益。人格与财产，均为人类最重要之利益。人格利益的理解可以从损害的状态与补偿方式、补偿效果的角度加以理解。施启扬先生认为："精神上的损害常常不能用'恢复原状'来除去，对于不能用恢复原状的方式除去侵害者，有时就以金钱来补偿其损害，以慰藉其精神，减少被害人的痛苦。"王利明教授则以类型化和列举的方式对人格利益加以理解，认为："人格利益分为一般人格利益和个别人格利益。前者主要指公民的人身自由和人格尊严；后者包括生命、健康、姓名、名誉、隐私、肖像等个别人格利益。人格利益并不是对人的身体的利益，而是人的人身和行为自由、安全以及精神自由等利益。人格利益大多体现为一定的精神利益（法人人格利益不完全体现为精神利益），它不像财产利益那样具有有形的特征，尤其是名誉、肖像、隐私、贞操、自由等利益，都是行为与精神活动的自由和完整的利益，且以认定精神活动为核心而构成，对这些人格利益的侵害必然造成主体精神上的痛苦，损害的只能是主体的精神利益。"

在法律术语中很难对人格利益进行界定，通常是将其与财产利益联系起来，从消极方面定义人格利益。财产利益有以下几个特征：（1）明确数额的金钱可用以补偿该利益受侵害造成的损失；（2）在接受了这一准确反映原告损失额补偿后，原告不应该再感到感情上有所损失，如果原告在感情上觉得并不满足，那么他的利益就不是纯经济利益，而在财产利益之外还有非财产利益存在；（3）财产利益能在客观上进行衡量，如果它本身含有主观价值，那么就不是财产利益；（4）财产利益是基于交换产生的利益，如果其损失不是在市场中产生，那么该损失并不是严格意义上定义的财产损失。人格标识具有经济利益这一事实无可厚非，但要使这种利益损害与财产利益损害获得同等救济仍有难度。从积极方面理解，人格标识上财产利益包括：交易或许可利益（exeisting trading or licensing interests）；其他无形的可识别价值（other intangible recognition values）。与财产利益比较而言，人格利益的特征呈现如下：（1）一定数额的金钱并不能完全补偿对人格利益的侵害；（2）原告在获得了对损失的补偿后并不觉得满意；（3）人格利益本质上具有主观价值，不能客观地衡量；（4）人格利益通常不可交换，没有市场可以用来对这一利益进行评估。侵害名誉权就是一个典型的例子。英美法系国家将人格利益列举为：名誉（interests in reputation）、隐私（interests in personal privacy）和免于精神痛苦（interests in freedom from mental distress）。我国民法典第九百九十条将人格权概括为基于人身自由和人格尊严产生的利益，并列举了生命权、健康权、姓名权、名称权、肖像权、名誉权、荣誉权、隐私权等人格利益。

为人格利益和财产利益下一个准确的定义是很困难的。这两个概念感觉起来很清晰，真要勉强给出一个定义来，反而有碍于我们对它的认识。学术研究和立法选择列举式或对比式的理解方式也就可以理解。具体到人格标识商业利用中，除了以列举或对比的方式对人格利益和财产利益进行基础性理解外，从微观角度对人格利益和财产利益在具体现象中的体现予以明确，对问题的研究将更有帮助。下文接着论述人格标识商业利用体现的人格利益和财产利益。

一、人格标识商业利用中的人格利益

人格标识商业利用涉及人格利益和财产利益两种利益，但在具体人格标识商业利用案件中判断究竟涉及哪些利益却要复杂得多。以擅自利用和授权利用类型下的擅自利用人格标识为例，擅自利用有两种具体情形：其一，同时侵害人格标识所有人人格利益与财产利益。典型代表是以名人人格标识为假冒伪劣产品做宣传。其二，不涉及人格利益只侵害其财产利益。典型代表是未经同意擅自使用名人人格标识为广告宣传但不影响名人的社会评价。在第一种情形中，因为给被使用人造成了精神痛苦和社会评价降低等不良后果，人格利益受侵害的结论容易达成共识。在第二种情形中是否也侵害了权利人的人格利益，有两种不同的观点。一种观点认为因为没有造成精神痛苦，不构成人格利益侵害，不能请求精神损害赔偿。另一种观点认为，未经同意商业利用他人肖像，即使没有造成权利人社会评价降低，使消费者误以为权利人为公司产品代言推销，原告也可要求赔偿损害、停止损害行为及刊登道歉启事。请求损害赔偿的范围包括丧失肖像权利金收益、侵害原告人格权造成精神上痛苦。因此就未经授权商业利用他人肖像所涉及的利益究竟包括哪些还未达成共识。第一种观点是从具体人格利益的角度考察，认为人格利益限于现行法律明确予以保护的情形，如名誉、隐私等（即民法典第九百九十条第一款）。第二种观点则从一般人格利益角度考察，认为人格标识商业利用中涉及的人格利益不以现行法规定为限，以人的自主决定与自由发展为出发点考察（即民法典第九百九十条第二款）。前者为狭义的人格利益，后者为广义的人格利益。相较而言，后一种观点更接近现代注重人权与自由的社会思潮，更值得借鉴。判断个案中是否涉及人格利益，应以是否侵害了个人的自主决定与自由发展为标准。擅自商业利用他人人格标识一定会侵害人格利益，因为即使没有造成权利人社会评价降低等不良后果，也违背权利人意愿将其人格与商品或服务联系起来，侵犯了权利人的自由。

二、人格标识商业利用中的财产利益

每个人的人格标识上都存在财产利益,商业利用本身就说明其具有经济价值,但有隐性与显性以及利益大小之分。商业利用就一定涉及财产利益的侵害，还与当事人对自己人格的主观期许有关。例如在肖像商业利用中，明星肖像被擅自商业使用时通常提起经济损害赔偿之诉，表明明星对其肖像上的财产利益存在主观期许。建筑大师、学者等专业人士的肖像被擅自商业使用时，若肖像被擅自商业利用者不愿意进入公众视野或不愿意被代言某种商品，擅自商业使用给权利人造成了精神上的困扰。权利人因对肖像上的财产利益不存在主观期许，通常提起精神损害赔偿。人格标识上财产利益是否以人格标识权利人主观意愿为前提。即，对人格标识主张财产利益者享有人格标识上的财产利益，未主张人格标识上财产利益者不享有人格标识之财产利益。一般认为，财产利益的存在与主体是否对这种利益主张权利是两个逻辑层面的问题，尤其是无形财产。主体不主张对财产利益的权利不等于法律可以对这种利益不予保护，是否主张具有很强的个人主观性，某建筑大师现在不愿意将其肖像用于商业利用，可能几年后便开始追逐其肖像上的商业价值。若因其先前对这种财产利益的放弃就永远剥夺其享受人格标识上财产利益的权利，有违民法之平等原则。因此，人格标识上的财产利益是每个自然人均享有的利益，对曾商业利用其人格标识者，其财产利益是显性的容易判断的；对未曾商业利用其人格标识者，人格标识上财产利益是一种潜在的、隐性的利益，通过商业利用方能显现。知名度较高的明星其人格标识上因具有较高的可识别性比普通人蕴藏更多财产利益。

每个自然人的人格标识上都存在精神利益和财产利益，对这两种利益法律均应予保护，问题存在于保护范围和保护方式如何确定。理想的法律模式应该是具体人格标识商业利用案件中根据两种利益受侵害的情况，当事人可自由选择救济途径。如人格标识被用于产品代言，积极追求人格标识上财产利益者能以经济利益之丧失请求经济利益受损害之救济；不愿将其人格标识置于公众视野下，或愿意置于公众视野但不愿被商业利用者可以就以此带来的精神困扰请求精神利益损害之救济。这两个救济方式是分开还是合二为一即是模式选择的问题。合二为一要求实现人格权向财产利益的扩张，分开则需要创立另一种财产保护机制。前者以一个请求权基础实现两种利益的保护，后者以两个请求权基础分别保护不同的利益。

人格标识商业利用涉及的基本法律问题，围绕人格标识上人格利益和财产利益展开。其中，人格标识上财产利益的保护是问题的关键。以擅自利用和授权利用两种类型为例，擅自利用类型中涉及的法律问题包括：人格标识权利人与擅自使用人之间的法律关系如何？未经同意使用他人人格标识为产品或服务做促销宣传是否产生侵权责任？如果产生侵权责任，那么侵害的是什么权利或受法律保护的利益（从另一个角度即是法律欲保护的是什么权利或利益）？侵权责任构成要件是什么？侵权责任的承担方式和范围如何确定？这一系列法律问题归结为一点即所涉利益受侵害时的事后救济问题。授权利用类型中，人格标识权利人与被授权使用人之间的协议属于什么性质？违反协议的法律效果如何？作为授权对象的利益是否可转让、可继承？这一系列法律问题的核心点在于，所涉利益的理论基础、性质以及受法律保护的范围。上述为人格标识商业利用问题涉及的两类最基本的法律关系。在此基础上，当人格标识权利人已经授权他人使用其人格标识做产品或服务促销宣传，后又有同类产品或服务供应商擅自使用该人格标识做产品或服务促销宣传，或人格标识权利人再次授权同类产品或服务供应商使用其人格标识时，还涉及擅自使用人与第三人或人格标识权利人与第三人之间的法律关系，擅自使用人侵害了哪些人的权利？人格标识权利人是否承担违约责任？第三人享有哪些请求权？当擅自使用或授权使用的产品或服务存在欺诈、误导消费者的情形时，消费者除了可以依据消费者权益保护法第十九条第一款要求产品或服务供应商赔偿外，是否可以向人格标识权利人主张权利？本书研究主要围绕两类基本法律关系进行，涉及第三人或消费者的情形将在必要时做相关论述。

综上，本书欲研究的基本法律问题即人格标识商业利用中所涉及人格利益与财产利益的保护问题。其中财产利益的保护是重点和难点。人格标识财产利益出于人格权与财产权二分法律体系的灰色地带，属于民法典解释与适用的重要问题。人格标识商业利用中所涉及的财产利益如何实现与现行法律体系的衔接，尤其是如何与传统人格权、侵权责任编的衔接。这类问题的研究，除了在传统理论中搜寻突破点以外，比较观察的视角常能收获"他山之石，可以攻玉"之效。

第二章 人格标识财产利益保护的
理论基础

人格标识财产利益保护的理论基础可以从伦理视角和工具性视角两个视角进行分析。根据美国学者迈克尔·马多（Michael Madow）的整理归纳，伦理上的理论基础包括劳动说和防止不当得利说，工具性视角从刺激经济发展与实现消费者保护两个维度切入。刺激经济发展维度论证的学说包括激励说和分配效率说；实现消费者保护维度上的理论基础是指避免广告欺诈说和培养名人在广告中的责任感说。实质上，劳动说、防止不当得利、激励说均与洛克劳动理论有直接或间接的联系。再加之，洛克劳动理论在判例中被最广泛引用，在著述中被大量论述。因此，下文首先重点介绍劳动理论对人格标识财产利益保护的理论论证。

第一节 劳动理论

一、劳动理论的历史背景与基本观点

（一）劳动理论的历史背景

在人格标识财产利益保护理论基础论证的过程中，最早也是最依赖洛克劳动理论的是美国法院。美国创设性地构建公开权制度保护人格标识财产利益，并在制度构建之初选择劳动理论为其理论基础。但这一选择却因缺乏深思熟虑而具有不少想当然的成分，深究其原因可以从美国判例法的实用主义立场和美国财产权制度的理论基础得到启发。

人格标识财产利益保护进入司法视野之初，正好是美国隐私权备受关注的20世纪上半叶。这一时期法院大多力图将人格标识财产利益纳入隐私权制度予以保护，正如现阶段我国法院力图将人格标识商业利用纳入已有的人格权制度予以保护一样。虽然隐私权产生时并未被界定为只保护精神利益的权利，但随着后期判例的丰富，隐私权逐渐演变成只保护精神利益的权利。这一演变一方面使得隐私权的概念和保护范围更加清晰，另一方面也使人格标识财产利益的保护尴尬异常。最终，依然是判例的智慧解除了这一尴尬并打开一片新的视界。在海伦（Helen）案中法院彻底放弃"旧瓶装新酒"的努力，创设性地提出公开权概念并为其贴上财产权的标签。海伦案提出了公开权的概念并将其定性为财产权，但对公开权作为财产权的理论基础缺乏论证。尽管如此，因为简单地将公开权贴上"财产"的标签便能使人格标识财产利益得以救济，并一劳永逸地解决其可转让性、可继承性问题，这一判例颇具影响力。法院和部分学者逐渐在对公开权的保护范围、理论基础等问题缺乏深入分析的情况下接受了公开权概念及其财产权属性。如研究公开权最具代表性的托马斯·麦卡锡（J.Thomas McCarthy）教授虽然列举并分析了大量的案例以证明公开权是财产权，但对其背后的理论基础仍然不够关注。将人格标识财产利益纳入财产权保护的前提是人格标识应当受到保护。正如温迪·戈登（Wendy Gordon）所言："毫无疑问，每个人都有义务不侵占属于他人的东西，但前提是我们必须界定清楚哪些东西属于自己、哪些东西属于他人。"简单地将人格标识财产利益贴上财产权的标签只是赋予其财产权能（即如何保护的问题），并未回答其是否应受保护的问题。将人格标识财产利益称为财产权，仅仅是因为我们想要赋予其可转让性而已。贴上财产权的标签，法院不仅可以免去证明保护人格标识财产利益之理由，而且不用界定人格标识商业利用之诉的范围，一切参照现有财产权的理论即可。但财产权的标签本身并不能成为保护人格标识财产利益的理论基础，也不能明晰人格标识上财产利益受保护的范围。因此，草率地将公开权界定为财产权，只是法院在实用主义立场下寻求的捷径。

人格标识财产利益作为公开权保护并被贴上财产权的标签，传统财产权的理论基础和制度设计被逐渐引入公开权。洛克劳动理论作为传统财产权的理论基础，被美国大多数法官和学者接受为公开权之理论基础。以劳动理论为基础，依托传统财产权制度，公开权飞速发展成为世界范围内保护人格标识财产利益的佼佼者。在人格标识财产利益得到充分保护的同时，公开权的理论基础和制度建构也受到多方面挑战。以劳动理论作为人格标识财产利益保护理论基础的论证不断受到抨击，最常被质疑的两点即在于：其一，以劳动理论为人格标识财产利益保护的伦理性视角，论证赋予名人的利益远高于名人创造人格标识商业价值所付出的劳动；其二，以劳动理论为工具性视角的论证，将人格标识的经济价值全部分配给名人，只会更加鼓励他们为知名度投资。更有甚者认为，名人根本就不应该对其人格标识拥有控制权。罗伯塔·罗森塔尔·科沃尔（Roberta Rosenthal Kwall）在其《名望》一文中也指出名人的知名度首先是来自历史、社会和文化的影响。公开权在美国法律体系中的地位受到来自理论和实践的质疑。公开权与其他的财产权具有相似之处，可以被划归财产权的范围。但能为传统财产权提供理论基础的理论是否也能成为公开权的理论基础？为何传统财产权的理论基础在人格标识商业利用问题上引起如此多的争议？一方面，劳动理论在法院实用主义的立场下为公开权的理论提供了理论基础，并被广泛接受，为公开权沿着财产权道路前行保驾护航；另一方面法学界对劳动理论在公开权论证上的质疑从未间断。劳动理论成为公开权发展史上饱受争议的"英雄"。

（二）劳动理论的基本观点

劳动理论关注个人对其劳动所创造的客体（或混合了劳动的客体）的道德权利。洛克在《政府论》中从"自然状态"的假定出发，主张在自然状态下人类社会没有私有财产制度，所有东西都为人类共有。正是个人将自己的劳动加入某个物品中，才将物品从公共领域剥离出来成为这个人的私有财产。洛克认为："每人对他自己的人身享有所有权，除他以外任何人都没有这种权利。他的身体所从事的劳动和他的双手所进行的工作正当地属于他。既然劳动是劳动者无可争议的所有物，那么由劳动创造的成果自然应由劳动者享有权利。"洛克对私有财产所有权的论证是以整个财产制度为中心，尤其是以有形物为论证基础。但后世学者往往以这一学说论证具体财产权的归属问题，如知识财产权的归属问题。论者认为，既然作品和发明是个人智力劳动的成果，个人在作品和发明上投入了智慧、实践和金钱，那么作品和发明不应置于公共领域归全人类共有，而应属于创造者的私有财产。这种推理模式也可用于人格标识上财产利益应归属本人的论证：人格标识上的财产价值源于个人知名度，知名度的获得源于个人的劳动，因此个人对其名望所带来的利益享有财产权。劳动价值论直接以劳动为基础从伦理理论角度论证人格标识财产利益保护的合理性。在此基础上，进一步延伸出经济刺激论、不当得利论。经济刺激论者从工具性劳动理论的视角、不当得利理论从公正性视角论证人格标识财产利益保护的理论基础。

1. 劳动价值论

劳动价值论又被称为伦理性劳动理论，是从伦理理论的角度认为一个人之所以对其人格标识之商业价值享有权利，源于其所付出的大量时间、劳动、技术甚至金钱。根据劳动价值论，因为人格标识之财产价值凝聚了个体的劳动，该价值自然归个体所有。

2. 经济刺激论

经济刺激论又被称为工具性劳动理论，经济刺激理论与劳动价值论一样均源于洛克《政府论》中的论述，劳动价值论是从伦理理论的角度为一般财产权提供合理基础，经济刺激论是从工具性的视角随无形财产权的产生发展起来，成为无形财产权的理论基础。经济刺激论认为劳动在无形物创造中的作用即使不是决定性的作用，也应对创造者予以回报，因为这是最好的鼓励人们进行创造的方法。经济刺激论的基本观点是，财产权是为了鼓励个体更积极地参加劳动，从而增加社会财富。

经济刺激论借鉴了知识产权领域的论证方法，从以下两方面对人格标识财产利益保护之理论予以论证：其一，人格标识中的财产权鼓励个人努力工作以成为成功的演员、运动员或其他公众人物。名人人格标识中的商业利益可刺激名人在本职工作（演艺或运动）中加大投入。代表性案例是 Zaccini 案，该案中法院认为公开权保护个人行为之财产利益以鼓励自然人工作成为行业佼佼者。其二，保护人格标识财产利益鼓励个人对人格标识进行投资以吸引消费者。这两类刺激虽然有一定相关性但具有明显的区别。有可能某些人勤奋工作成为世界上最好的高尔夫球员，但仍然不是足以吸引公众眼球以促进产品销售的公众人物。很多最具市场价值运动员都达到了运动生涯的顶峰（如足球运动员梅西），也有些颇具市场价值的人没有达到运动生涯的顶峰（如网球运动员 Anna Kournikova）。所以，在职业领域和市场价值上取得成功所需要的条件是不一样的。

3. 不当得利论

不当得利论认为没有为他人人格标识上财产利益做过任何努力的使用者不能未支付对价使用他人人格标识。无权使用者擅自利用由他人创造的价值，收获他人辛勤耕耘的果实的行为，属于盗猎者、寄生虫、搭便车的行为，必须受到法律的制裁。不当得利论的积极拥护者谢尔登·哈尔彭（Sheldon Halpern）认为名人是否能拥有其人格标识的全部经济利益，以及名人人格标识商业利用中是否存在公共利益都无关紧要，法律最应该关注的是如何阻止"盗猎者"盗用他人人格标识的经济价值。哈尔彭认为在两个都能享有财产权的主体之间，法律应该将财产权赋予与人格标识具有有形联系者。名人是与人格标识具有有形联系的主体，应该享有人格标识上的财产价值。

二、劳动理论的评析

（一）劳动理论的理论困境

1. 劳动价值论——高估个体劳动的伦理性论证

劳动价值论常被质疑之处在于高估了个体在人格标识财产价值创作中的作用。名人可予以商业利用之人格标识，是否名人劳动结果尚值得怀疑。即使承认其知名度来源于劳动，也不仅仅是名人个人的劳动，是社会大众以及媒体等多种因素综合产生的知名度，而且劳动价值论的目的性要素在人格标识财产利益保护的论证上也是一种阻碍。

首先，人格标识之财产价值的产生是否真的是名人劳动的结果值得怀疑。在知名度产生过程中的偶然性是不可忽视的。众多因卷入某一事件偶然成名的人，其知名度的获得难以通过劳动理论予以解释。名望是一种复杂的、不确定的社会现象，劳动对名望来说既不是必要条件也非充分条件。有些情况下个人的确为成为有名之人而努力，在工作和生活方式选择上都致力于发展有个性的人格标识，但并不意味着所有人都如此。很多人出名仅仅是因为他们所处的位置，或者是因为出身或因为其他家庭关系。即使在发展人格上耗费了时间和资源的人，真正具有独一无二人格标识的也很罕见，每一个名人至少都有一部分人格标识借鉴于前辈或来自其所处的文化。

其次，即使名人对其知名度付出了劳动，知名度也不是仅靠个人劳动就能实现的。知名度是众多社会因素共同作用的结果，其中包括名人的努力和公众的反应。正如马多（Madow）所说："只有受众者能造就明星。"人格标识财产利益源于其市场价值。市场价值几乎与个人的劳动没有关系，人格标识的市场价值本身也难以计算。即使是极力追名逐利者，其人格标识知名度的产生也远非其一人劳动所能及。现实生活中的确存在竭尽全力以使自己名声在外的人，但即使如影视明星般活跃于娱乐圈靠知名度生存的人，其知名度的产生也不仅仅是个人努力的结果。影视明星为取得知名度不断努力增加曝光率，其知名度的获得却不是仅依个人劳动所能达成。工业化、信息化的现代社会，没有媒体的关注，没有策划人针对大众心理的包装，仅靠个人实力在娱乐圈一炮而红，似乎还难见先例。依据劳动理论的不劳者无获，名人有时才是真正的不劳而获者。

最后，劳动理论的目的性要求，在人格标识财产利益保护的理论论证上遇到阻碍。某一领域的领军人物（如建筑设计大师、医生）努力工作取得了辉煌的成就，因此为世人瞩目，但他们努力之目的不在于创造知名度，甚至本身视"名"如粪土。这种情况下劳动理论如何应对？洛克劳动理论所指的劳动是只有目的性的劳动，由此产生的劳动成果才由劳动者享有财产权。上述知名度带来的经济利益解释为不劳而获或锦上添花更为恰当。

综上，劳动价值论在人格标识财产利益保护理论论述上存在上述理论缺陷的根本原因在于：劳动价值论是以整个财产制度为考察对象，立足于具有对抗性和资源稀缺性的有形财产，而人格标识财产利益与传统有形财产差异显著，不具有资源稀缺性和对抗性。

2. 经济刺激论——偏离目的航道的工具性论证

经济刺激论最大的贡献在于为知识财产权这一无形财产的理论做出了合理的解释。人格标识财产利益与知识财产的确具有更多的相似之处，例如，都难以控制其散播，都不具有对抗性。但经济刺激论以论证知识财产合理性思路解释人格标识财产利益保护的理论基础，同样备受质疑。经济刺激论所遭受的质疑首先是对其手段必要性的质疑。质疑者认为就经济刺激论者，作为论证基础的两种刺激目的而言，法律没有必要对人格标识财产利益进行保护。首先，就刺激个人加大对职业领域的投资而言，迈克尔·乔丹在篮球上耗费的大量时间是为了控制其人格标识的商业利用？毫无疑问，他乐意这样做是想成为职业球员以获得丰厚的报酬，这种刺激作用通过职业报酬就能实现。同理，演员通过商业利用以外的工作也能获得足够的补偿。因此，即使没有法律保护人格标识中的财产利益，也有足够的刺激鼓励人们在本职工作中投入心力。演员的可识别性和明星效应使他们更有能力吸引消费者，因此可以在出演电影时获得更高的报酬，著名的运动员在其粉丝想看他的表演时也可以获得更丰厚的报酬。其次，即使假定商业利用的机会对他们在本职工作和人格发展上投入心力具有刺激作用，赋予人格标识财产权也不具有这种刺激作用。这种刺激来自更高的授权使用费，而不是未经授权使用的补偿，因为授权使用能获得更高的收入。诚然，如果不禁止未经授权的使用，也不会有人愿意支付授权使用费，但对未经授权使用的法律救济通过其他现有领域的诉讼也能实现，如通过不正当竞争之诉以及知识产权领域的诉讼。

3. 不当得利论——舍本逐末的非实质性论证

不当得利论者重点论证的不是权利人本身何以享有权利而是使用者为何必须

支付对价才能使用他人的人格标识。不当得利论对被告的"搭便车"行为的关注更胜于对原告权利来源的关注。不当得利的前提假设是原告享有财产利益。以不当得利解决未经授权商业利用他人人格标识问题的前提，是证明原告人格标识之价值属于原告，而这种假设首先需要一定的理论支撑。"没有法律会允许被告未支付对价获取原告的具有市场价值的、通常需要付费的财产"。不当得利论的一般原则暗含了关于某一事物具有价值的假设。某一客体是否具有可以让他人付费的市场价值，完全取决于法律对该客体是否保护。缺乏法律保护的人格标识财产利益，任何商家都无须付费即可使用。因此，在证明为什么我们将人格标识的价值分配于个人之前，我们不能禁止他人擅自使用这一人格标识。没有这样一种可以证明最初分配正义的理论，对人格标识的保护就是允许名人通过向使用其人格标识者索取费用而获得不当的利益。诚然，商家使用某些人格标识，本身就说明人格标识具有财产利益。这种财产利益是否就应该归于原告呢？不当得利的主张者并没有为人格标识财产利益保护提供理论基础，相反却将证明责任转化给人格标识的使用者，要求其证明为何其使用是正当的。

（二）劳动理论产生的制度困境

1. 权利主体备受争议

根据劳动理论的观点，非名人人格标识财产利益因未承载主体有目的的劳动不应受到保护，但以劳动理论为理论基础构建的美国公开权制度，却普遍性地承认非名人的公开权主体地位。劳动理论主张个人对其劳动成果享有权利的前提是：必须有目的地直接致力于某一结果的实现。名人对其人格标识财产利益享有权利，是鉴于名人在其人格标识开发上付出了大量时间、精力和金钱。非名人通常都是偶然发现自己的人格标识被广告商用于商业广告，本人并未就其公共人格标识做任何目的性的开发利用，又如何能以劳动理论为理论基础对其人格标识财产利益享有权利呢？

公开权被认为是每个人都享有的控制人格标识商业利用的内在权利。美国普通法、制定法和学术讨论中均承认非名人为公开权的主体。美国普通法中的典型案例是克里斯托夫诉美国雀巢咖啡案。该案中原告克里斯托夫是一名默默无闻的幼儿园老师，因自己的人格标识在未经允许的情况下被擅自用于雀巢速溶咖啡的广告而起诉至法院。法院最终以公开权判决原告胜诉，并在判决理由中以劳动理论之经济刺激理论为论证依据。在美国制定联邦公开权法的讨论中，主张公开权主体应该是包括非名人在内的一切自然人者占绝大多数。在理论研究中，系统阐释公开权的麦卡锡教授也主张名人和非名人均能成为公开权的主体，认为所有人的人格标识都因为能吸引消费者的眼球而具有商业价值，被告的使用本身就是其具有商业价值的证明。

非名人的公开权主体地位与劳动理论对公开权的理论论证是相悖的，对于这一点美国法院自己也有清醒的认识。在怀特案中，美国第九巡回法庭就劳动理论与公开权主体之间的脱节这样写道："电视和其他媒体创造了可市场化的人格标识的财产价值……法律保护自然人独享这种价值的利用权，无论自然人就获得这些名声是基于无能、傻人有傻福或偶然联系。"显然，这种"傻人有傻福"者成为公开权保护主体，是与作为伦理基础的洛克劳动理论相悖的，洛克不承认无目的的劳动，洛克认为无目的的努力不是劳动。

2. 保护范围无度扩张

人格标识财产利益保护以劳动理论为理论基础，极易使得所有擅自使用他人人格标识的行为都构成对他人劳动成果的侵夺，甚至只要是可能使人联想到他人人格标识的商业广告，都可能被认为是对他人人格标识之商业利用。事实上，以劳动理论为理论基础的美国公开权也的确正面临着因保护范围过分扩张、威胁美国宪法第一修正条款、阻碍美国文化繁荣之可能。公开权的保护范围在劳动理论的支持下不断扩张，主要体现在扩张解释人格标识和宽松解释商业利用两个方面。

第一，"人格标识"范围的扩大。人格标识从最初的姓名和肖像已经大幅度扩张至能使人联想起某人的综合情境。McFarland案中法院认为，名人的人格标识包括其姓名、肖像和其他人格要素，名人的知名度是其劳动的成果，因此是一种应受法律保护的财产权形式。

美国法院尤其是美国第九巡回法庭通过一系列重要的判例不断扩张人格标识范围。虽然并不是所有州法院都遵循第九巡回法院不断扩张解释人格标识的趋势，许多州仍坚持将人格标识仅限于姓名和肖像。但现在大部分州所保护的人格标识均远不止姓名和照片。如：Motschenbacher v.R.F.Reynolds Tobacco Co 案中原告是一名著名的赛车手，虽然被告广告中并没有使用原告的肖像与名字，也没有使用原告的车，但因为这则广告可能引起某些人怀疑这部车可能是原告的，由此联想到驾车的正是原告，于是第九巡回法院判决认为原告人格标识被商业利用。Midler v.Ford Motor Co 案中法院引用论述道："福特公司在广告中模仿原告知名歌曲中的声音是对原告部分人格标识的非法利用。"Waits v. Frito-Lay,Inc 案中法院进一步认定：即使未使用或模仿原告声音，但使用了原告在某一首歌中的独特歌唱方式也是对原告人格标识之非法利用。在这两个判决中，第九巡回法庭支持了原告诉广告公司模仿歌手有特色的声音和独特的歌唱方式的请求。在 White v.Samsung Electronics America,Inc 案中，被告在广告中放映了一个身穿礼服、头戴金色假发的机器人，站在类似 White 主持的节目中的一系列大写字母旁边，法院认为这则广告会在观看广告者脑海中唤起原告的人格标识，因此认定是侵犯了原告的公开权。另外，第六巡回法院承认象征性习惯用语的商业利用也是对名人公开权的侵犯。第三巡回法院承认虚拟电视角色的商业利用也是对原告人格标识财产利益之侵犯。美国普通法保护的人格标识从最初的肖像和姓名已经扩展至声音、习惯用语甚至一些并不专属于原告但可以使人联想其原告的情境。

第二，商业利用的宽松解释。传统上不属于商业利用的行为，由于保护人格标识之财产利益的需要也被认为是商业利用。以曲棍球运动员之姓名创作漫画人物或以名人姓名作为歌曲名创作歌曲，虽然可能更吸引读者眼球从而推动销售，但将其智力劳动抹杀划归商业利用的范畴是否有碍于文化的繁荣，有碍于言论自由的保障？

3. 举证责任与保护期限的分歧

在人格标识商业利用之诉中，法院一般会要求原告证明其人格标识具有经济价值，但并不要求原告证明其为此经济价值付出了劳动。根据被广泛接受的麦卡锡（McCarthy）教授的观点，公开权是每一个人与生俱来的控制其人格标识商业利用的权利。如，奇塔姆案中法官根据肯塔基州的法律以原告不能证明其人格标识具有明显经济价值为由驳回了原告的诉求。但法院对人格标识之经济价值是否源于劳动在所不问，对因偶然因素或因他人劳动具有财产价值的人格标识仍给予保护，只要原告能证明其具有财产价值。这种只要求证明人格标识具有财产价值，而不问其何以具有财产价值的做法，显然无视劳动理论只承认目的性劳动的宗旨。

就人格标识财产利益的保护期限而言，美国许多州都承认人格标识财产利益的死后保护，死后保护期限从几年到几十年不等。若某一自然人并未在有生之年有目的地为人格标识财产利益付出劳动，也未对其人格标识上的财产利益享有任何权利，那么劳动理论无法为其死后保护提供理论基础。

综上，面对劳动理论遭受的上述种种质疑，有学者提出劳动理论作为人格标识财产利益保护的理论基础本身是合理的，只是我们对劳动理论的理解有误，并在此基础上提出自然权利理论。严格意义上讲，劳动理论和自然权利理论只是对洛克关于财产权理论论证的不同解读而已。认为劳动在洛克论证财产权理论时具有基础性作用者称其为劳动理论；认为洛克关于财产权理论的论证中劳动只是工具性作用，根本点在于每个人对自身享有的权利者，称其自然权利理论。自然权利理论认为：若一个人在世界上拥有任何东西，那首先是拥有"他自己"，除本人以外任何人不得对此享有权利。劳动来自"他自己"，因此劳动所创造的价值归其所有。自然权利理论中劳动只是一种工具，财产权的根本理论基础在于每个人对其自身享有的权利。杰弗里·布朗（Jeffrey J.Brown）认为保护人格标识财产利益的理论基础是洛克的自然权利理论，不是表面看似的"劳动"。人格标识之财产利益应予保护的根本原因不是劳动而是人格标识与个人自身的内在联系。每个人都对自己的人格标识与生俱来地享有权利。人格标识上财产权利的正当性源自个人对其自身享有的与生俱来的权利。自然权利理论将人格标识财产利益保护的理论基础归于劳动背后的自然权利，既可以避免高估个体劳动的价值性论证，也可避免经济刺激论偏离目的航道的工具性论证，还可以将非名人人格标识财产利益纳入保护范围。但自然权利理论仍将人格标识上的财产利益与精神利益完全区隔开来，仍无法避免保护范围无度扩张的境遇，甚至辐射性地为"自杀""卖淫""身体器官买卖"等受道德非难的行为提供理论基础。

第二节 分配效率论

一、分配效率论的基本观点

分配效率论者认为共有是一种灾难，人格标识是稀缺资源，缺乏产权保护会因过度使用而受损。威廉·兰德斯（William Landes）和理查德·波斯纳（Richard Posner）是分配效率论的积极主张者，他们认为："保护公开权的目的不是为了鼓励大众为了成为名人而投资，而是阻止名人姓名或肖像上的商业价值因过度使用而耗竭……过度地擅自使用人格标识会使其枯竭。随着人格标识使用频率的增加，其上的经济利益将减少，从而降低人格标识的价值。"法律应该赋予个人对其人格标识享有排他性的权利。这样他能控制人格标识的使用并将其广告价值最大化。

二、分配效率论的评析

分配效率论的根本缺陷在于作为其论证对象的人格标识不具有对抗性和可耗竭性，擅自使用人格标识会降低人格标识经济价值的论点很难成立。人格标识是不可耗竭的资源，人格标识擅自使用不必然影响其他人的使用。法院判例中分配效率论的引用相较劳动价值论和经济刺激论要少，更多的讨论存在于抽象理论层面。具体而言，分配效率论所遭受的质疑集中在人格标识的非耗竭性和分配效率论的价值追求两个方面。

其一，人格标识商业价值不会因为法律允许未经同意的使用而耗竭。许多对人格标识的擅自使用实际上增加了人格标识的价值，因为公开本身就会创造价值。

但人格标识的价值随公开的增加而增加的情形仅限于某个点之前，在这之后随着公开的增加，人格标识上的利益将衰退。换言之，早期的增加使用可以增加网络效应（network effects），使人格标识的价值增加，在到达某个点（乏味节点）之后大量地使用将使消费者对人格标识产生审美疲劳，此时人格标识将不再能吸引他们的注意。绝大多数情况下，消费者对特定文化客体失去兴趣仅仅是因为另一些事物能更好地在某个及时的点上界定这种文化。过度曝光使这个乏味节点来得更快。不同名人承载文化意义的大小和时间不同，人格标识的长期价值因人而异。早期使用增加价值的频率、进一步使用将使价值开始减少的节点以及在这个节点上人格标识的价值、在节点之后人格标识价值减少的频率都会因个人所承载的文化意义不同而不同。另外还有如莎士比亚、猫王等经典文化人格标识，对他们而言，过多地使用将使其人格标识枯竭的现象根本不可能存在。即使在其人格标识上存在乏味节点，其人格标识价值的减少也相当有限，以至于在许多年以后仍存在。据此，对不存在乏味节点或乏味节点的意义极其有限的人格标识而言，擅自使用根本无损其人格标识的价值。即使对存在乏味节点的人格标识而言，只有当无权使用人格标识的情形与自己商业利用人格标识的情形相同或相似时才可能产生乏味节点带来的风险。其他情形的使用实际上是对原人格标识内容的重组，使原人格标识复杂化但不会损及其价值。重组者通常是模仿者，都有明确的目标。毕竟只有极少数模仿者会去模仿在文化意义上微不足道的人。另外，即使承认过度使用会使人格标识枯竭，也不明确何为枯竭。对此，威廉·兰德斯（William Landes）和理查德·波斯纳（Richard Posner）也没有给出有说服力的回答，只是牵强地认为枯竭就是名人的价值比赋予排他性权利时下降得更快。

　　其二，即使未经同意使用人格标识会造成损害，根据分配效率论确立财产权的初衷也不应给予这种损害法律救济。分配效率论确定私人财产权的初衷是更有效率利用资源，考虑到稀缺并不可再生的实物资产不被损害，才主张以私有的形式予以保护。如，草地是有限的，当某人损坏它时，同时也是社会的损失。名人人格标识不是稀缺资源，潜在的名人总是源源不断，至少是很庞大的量，不会枯竭。现代社会，即使某个名人的人格标识因过度使用而被损害，也有大量的替代品。这种意义上损失只是针对某个特定名人，不会给社会造成损失。即使因为不保护人格标识财产利益使人格标识价值枯竭，最终也只是对垄断其人格标识商业使用权者个人造成损害。这种损害能降低消费者的购买成本，法律自然不应以分配效率论为理由对其进行救济。即使承认法律应当保护人格标识财产利益，也不能得出这种财产利益一定归属人格标识所有人的结论。根据这种经济学说的逻辑，法律应该将人格标识财产利益分配给能最有效率地管理人格标识者。最有效率管理者就不一定是人格标识所有人，例如，耐克获得迈克尔·乔丹人格标识商业使用权就很可能提供比乔丹自己更有效率的管理。

第三节 康德财产理论

一、康德财产理论基本观点

康德认为人是自治的道德生物，自由是人的天赋权利，是人称其为人的独一无二的本原性权利，是人作为自己主人的标志。自由论观点下，意志是道德法则的自然产物，使人成为道德体并享有尊严。自由和自治不可侵犯。自由包括两个方面，一是消极的自由，即独立之意志；二是积极的自由，是指能独立做出决定之意志能力。消极自由是积极自由的前提，在做出决定前必须保证意志之自由。意志是自然法的根本，使个人具有人格尊严。康德哲学中个人的自我控制和自主决定是基础。康德认为财产是个人自由的副产物，一旦某个主体占有某客体，任何人未经同意接触该客体都会影响占有人的自由。财产源于自由，自由又是人格之必然要素，因此财产与人格不可分。所有的事物都可以被占有和使用，任何客体都能被界定为你的或我的。超出我们力所能控制范围的事物将与人类自由相冲突，因为我们不能将使用的意志加诸于该事物。

艾丽斯·埃梅利（Alice Haemmerli）认为客体化的人格标识同其他客体一样，具有被界定为"你的"或"我的"的可能性。由于个体是第一个占有其人格标识之人，因此优先地享有财产权。考虑到康德财产理论中关于主体与客体的论述，为防止其理论有悖于康德关于人是终极目的而非手段的论断，她将利用人格标识中的"利用"一词解释为使自己既成为他人的手段也成为自己的终极目的。在此基础上，艾丽斯·埃梅利进一步将人格自治与客体化的人格标识联系起来，以论证人格标识财产利益保护的合理性。康德财产理论强调自由和财产之间存在某种内在的联系。自由和财产的联系体现在两个方面：一方面，财产是个人自由的产物。某物品可以被某人拥有并使用或者说有能力使用它时就成为某人的财产；另一方面，自由体现在所有权中。如果我对某客体享有所有权，那么未经同意使用该客体就构成对我自由的侵犯。换言之，如果我拥有某一客体，任何人不得未经我的同意接触它。康德的哲学中财产来自自由，而自由本质上即人格。因此，财产与人格联系在一起。一个主体能对其客体化的人格标识主张财产权的理由似乎很充分。例如，某人拥有其肖像即意味着肖像可能成为一种是"你的"或"我的"的客体，我们为什么不能把肖像视为他的财产呢？在这种意义上，肖像可以作为某人的财产，被视为一种客体。一个人与其自身的身体特征的联系是内生的，因此个体对其肖像的权利本质上来说是"先占"，他是首先到达其人格标识的人。依先占作为私有财产权的理论基础是不合理的，先占只是在出现争议时确定权属的一种方法。但艾丽斯·埃梅利特别强调，此处使用先占这一概念，不是为了证明人格标识财产权存在的理论，而是在我们接受人格标识财产权概念后，让我们厘清谁是应该享有这一财产权的最恰当的主体。

二、康德财产理论的评析

艾丽斯·埃梅利基于康德财产理论发展出人格标识财产利益保护的理论基础，将主体控制个人肖像或其他客体化人格标识的权利建立在自由、自治和人格基础上。康德财产理论下，劳动在论证人格标识财产利益理论的过程中毫无作用。事实上，康德本人很明确地拒绝劳动理论，劳动理论不能解释原始土地所有权的取得，劳动对事物的改造仅仅是表明其对事物已经占有的外在化符号。康德财产理论基于唯心论哲学赋予个人对其人格享有内生性权利，以及相伴而生的使用和控制人格客体化的财产权。作为客体的人格标识也具有其主体性、人格性、内生性，以自由为基础的人格标识财产利益同时包含情感因素和经济因素。因为客体与人格紧密相连，财产权本身就是为了实现管控客体的人格自由，所以财产只是人格自由的一个维度。基于康德财产理论，人格标识财产利益本身与人格是不可分的，有助于我们从人格与财产关联性的视角来考察人格标识财产利益的理论基础。

康德财产理论虽然可以避开劳动理论过分依赖劳动造成的理论缺陷，却仍有其致命弱点：康德财产理论与人格标识的非对抗性之间具有不可调和的矛盾。康德财产理论和洛克财产理论，都是在物质性客体的基础上进行讨论的。康德理论的核心观点是对物质性客体的擅自使用侵犯损及自由。侵害物质性客体将损及自由的根本原因在于物质性客体是具有对抗性的，即在特定时间里只有一人能占有和使用它。当我主张某客体是我的，其他人的使用和接触都将使我不能在这一时间段根据我的意志使用这一客体，因此损及我的自由。但人格标识是非对抗性的，成百上千的人可以同时使用，且谁也不会影响谁。他人使用我的人格标识的同时我自己也能按自己的想法使用它，与自由无涉。艾丽斯·埃梅利也认识到了人格标识的非对抗性在论证上产生的阻碍，于是提出：虽然人格标识不具有对抗性，但他人的使用是会对我的自由造成侵害的。她认为即使成百上千的人都使用我的人格标识而不会使其财产利益枯竭，但如果我想过高贵的生活，这种使用就会损害我想过高贵生活的自由。但康德财产理论中财产权的道德基础是他人对特定客体的使用将使本人不能按意志自由使用该客体，若他人同时使用该客体既不影响我的使用也不会使客体财产枯竭，那么任何所谓的侵害都是纯理论上的。

再者，以康德财产理论为人格标识财产利益理论基础，未曾商业利用其人格标识者不能对其人格标识财产利益享有权利。康德财产理论认为第一个将自己意志表达于客体之上的人即使并没有实际拥有，他也能享有该客体的所有权。将意志表达于客体之上即以使用的方式先占该客体。艾丽斯·埃梅利据此推定自然人作为可以表达其意志的市场主体对其具有经济价值的人格标识享有自然权利。但康德财产理论是关于某一事物所有权的理论，主体对客体的使用使之享有财产权，这种使用反映的内容是某人表达其意志于客体上并将继续表达其意志于客体。据此，人格标识必须被界定为某种外在于主体并且与主体相区别的客体，而且主体必须通过人格标识商业利用将其意志表达出来方能享有人格标识这一客体的权利。

总之，虽然艾丽斯·埃梅利针对劳动理论的缺陷提出以康德财产理论为人格标识财产利益保护的理论基础，为我们提供了一种从人格利益和经济利益相互关系认识人格标识财产利益的视角。她认为不能将人格标识的商业利用从隐私权中割离出来，因为这会使对人格标识商业利用造成的损害的讨论陷入混乱，并使得法律不能认识到这种损害的主观要件。但终因她无法解决康德理论要求之物质性客体的对抗性与人格标识之非对抗性之间的矛盾，也无法回避康德财产理论以使用为主体表达意志于客体之上的方式与未曾商业利用人格标识者权利理论的问题，而难以为人格标识财产利益提供更令人信服的理论论证。

第四节 人格自治理论

一、人格自治理论的基本观点

人格自治理论（autonomous self-definition）认为未授权商业使用他人人格标识或公开私人事宜威胁到私人自主权，是对人格自治权利的侵犯。人格标识商业利用时，权利人对代言公司和产品的选择反映其价值取向。如汤姆·怀特案中，原告拒绝将人格标识商业化就是因为他认识到商业化利用可能会对其艺术家整体人格标识带来负面影响。每个人都享有自由界定自己利益的权利，每个人都能够控制其人格标识的使用并通过这种使用以界定其公众人格标识。当他人使用这一人格标识以显示某种担保或授权时这一利益才得以呈现。因为这种使用主要影响第三方的认知，即使该使用没有隐含着某种授权或支持的信息，也可能歪曲权利人的人格标识。人格自治理论与劳动理论、分配效率论、康德财产理论最显著区别在于：人格自治理论以自我界定利益为基础承认并依赖道德权利；劳动理论、分配效率论、康德财产理论竭力远离道德和情感问题。

　　人格自治理论的出发点在于对人格标识中精神利益和财产利益关联性的重视。麦克纳（Mark P.McKenna）认为所有试图为人格标识财产利益保护寻求理论基础者都假定非名人的人格标识利用之诉是隐私权之诉的一种（以名人为对象讨论人格标识财产利益保护的理论），旨在保护其"独处之权利"。实践中非名人提起的人格标识商业利用保护请求被想当然地归入隐私权或人格权的范畴。事实上，人格标识商业利用既可能涉及财产利益也可能涉及人格利益，不管对名人还是非名人来说均是如此。在名人人格标识商业利用中人格利益侵害之诉与财产利益侵害之诉可能同时并存，非名人人格标识商业利用中人格利益侵害之诉与财产利益侵害之诉同时并存的可能性更大。换言之，非名人与名人人格标识应受同等保护。人格自治理论的论证基础是每个人均享有自治的自我界定权利。例如，一位82岁的老人与其妻子携手共度了55年。某天他在电视上看到自己和老伴儿牵手散步的照片被用在治疗勃起功能障碍的药物广告中。该广告反映的信息是这位老人需要这种药物的治疗以维持夫妻关系。这则广告反映的信息对老人造成了伤害。如同我们喜欢穿怎样的鞋子，喜欢听哪些音乐，喜欢和怎样的人交朋友这些反映个人生活和喜好的信息一样。这些信息都反映了我们的人格，反映了我们如何看待自己或希望自己变成怎样的人。同理，从某人对汽车的选择或只支持国货的行为中我们可以看出其价值取向，人格标识的商业利用通过其对代言公司的选择反映其价值取向。如某明星为使用童工的企业产品代言至少可以反映其对该企业使用童工的行为是无所谓的态度。特定选择所传递的信息只是整个人格标识中的一个信息点。如怀特拒绝被用于商业广告，因为他认为人格标识商业利用有损其作为艺术家的人格标识。另外有些明星在成为素食者后拒绝再为肉类产品做广告，或在体会到烟对身体的危害后拒绝再为香烟代言等等。这些都说明他们意识到了避开特定联系对其人格标识的整体人格标识具有重要意义。如果一个人的人格标识是由众多社会信息组成，那么未经授权使用人格标识就侵犯了个人的自治权，因为擅自使用者部分地控制着对该人格标识的界定。

　　人格自治理论中自我界定的核心是关注人格标识控制权的保护。人格自治理论关注人格标识自我控制的重要性以及商业使用的潜在影响，相较更一般性的关于人格标识是否被客体化的问题而言，能为人格标识财产利益保护提供更深层次的理论支撑。擅自商业利用人格标识造成损害的范围是仅包括财产利益还是也同时包括人格利益，对此范围的争议焦点源于对人格标识客体化与丧失自我控制权的分歧。名人人格标识被擅自商业利用带来的不是客体化其人格标识造成的损害，而是权利人失去了对这种使用的控制权。人格标识自主控制权不以权利人对人格标识上的价值付出了劳动为基础，即使没有付出劳动也能享有人格标识上的价值。

从公开权产生的历史角度观察，虽然公开权产生之初法院和学者没有明确承认自我界定中的利益，但也对这种利益持潜在的支持态度。这就能解释为何法院对未曾商业利用其人格标识的原告赋予公开权，也能解释为何法院对不具有商业价值的人格标识也以公开权救济。在 Pavesich 案中，法院提到：当原告看到其照片被置于其从未涉及过的领域时，原告的感情将受震撼。法院承认原告对人格标识呈现给公众的情境失去了控制权。O'Brien 案中，法院认为以原告人格标识用作啤酒广告的行为暗含着原告支持啤酒的意思。虽然这种联系是为公众所接受的，但是与原告在公众场合表达的反对酒精的观点不符。原告认为擅自将其人格标识用于啤酒广告损害了其一贯坚持的个人人格标识。法院在该案中也承认原告在界定个人价值中的自治利益，承认原告所受的伤害并非人格标识商业利用中的所失经济利益，而是丧失了人格标识与产品或服务产生联系的控制权。这种联系本身将对其人格界定产生影响。

人格标识商业利用中侵害人格自治利益的情形有以下两种：（1）暗含支持或授权的商业利用。这种情形常见于支持性人格标识商业利用侵权类型中。首先，个人能够阻止他人未经同意将其人格标识用以对某种产品或服务表示支持。这种使用与强制言论类似。人格标识擅自商业利用中的强制言论与盗版中的强制言论具有相似之处。盗版将作者的文字以未经作者同意的形式印刷使作者丧失了决定何时以何种方式表达这些思想的权利。未经授权商业利用人格标识是将本不存在个人授权情形暗含具有商业授权，并反映权利人的价值取向。人格标识权利人被强制代表或表达授权造成的损害不是立竿见影的，但其风险最终可能使权利人对此付出高昂的代价。自愿将人格标识与某产品或服务联系起来的人能够权衡这种联系可能带来的风险，人格标识未经同意被商业利用则没有机会权衡这种联系可能带来的风险。基于此风险以及个人表达人格之权利，个人应该享有绝对的阻止暗示有授权或支持的商业利用，无论这种使用是否会降低其社会评价。（2）人格内涵的动摇。人格内涵的动摇多见于非支持性人格标识利用侵权类型中。不暗含授权信息的商业利用通过使文化特征的含义动摇也能侵犯自治的自我界定权。这种动摇源于第三方的使用产生了不一致或消极的人格标识内涵。消费心理学研究的成果表明，当文化产品与不相容的价值或不愉快的人格标识联系起来时，消费者就会对原文化产品产生消极认知。消费者接受与人格标识不一致的信息，对人格标识产生消极认知的风险更高。这种消极认知很难通过事实澄清得以消除。尤其是当人格标识被长期置于不确定的解释之下时，消极的联系更难以被消除。人格标识权利人只能忍受因这种消极认知带来的经济和非经济损害。查士丁·休斯（Justin Hughes）认为受众者在确定人格标识的含义上也有重要利益。模仿者有时也从限制模仿中受益。当模仿者想要通过模仿某一文化客体表达自己时，模仿者也需要一个确定的、知名的文化含义。如果按查士丁·休斯的观点，我们的重点将放在受众者身上而非个体的自治权利。但依赖某文化客体确定含义的受众者难以确定，即使可以确定，要以法律保护这种利益也颇具争议。模仿者不可能做出能影响被模仿文化客体含义的工作。消极认知的研究为扩大人格标识利用之诉致使人格标识含义不确定的情形提供了支撑。如果以不同于个人原本含义的方式广泛使用，就会造成人格标识含义不确定。含义的不确定性在没有支持或授权意味，以及未经授权的使用本身不具有消极性的使用中也可能发生。

当人格标识商业利用中的自治利益被侵害所产生的损害赔偿，可能是非财产损害赔偿，也可能是财产损害赔偿。实践中，财产损害赔偿请求一般由名人提出，因为非名人极少从授权使用中获利。但这并不意味着名人因人格标识商业利用只会遭受财产损失。每个人的价值观被他人扭曲时都将产生非财产损害。非财产损害可能在与其自身价值不一致的使用中以耻辱、窘迫或不安的形式存在。这种非财产损害在愿意将人格标识商业利用时可能并不凸显，当有些人强烈反对商业化时这种损害将凸显出来。

人格自治理论下原告的请求权得以内生性地限制，因为并非所有使用他人人格标识的行为都具有支持或授权意味，或试图重新界定人格标识的含义。许多对人格标识的使用仅仅是指示性的。仅仅具有指示性而不重新定义人格标识含义的使用不会违反人格自治中的利益。因为其没有产生新的意义也没有歪曲应有含义，实际上这种使用还可能加强原有的含义。

二、人格自治理论的评析

以人格自治权为基础的人格标识并不以个人对其拥有价值利益为基础，即使个体没有付出劳动也能享有人格标识之价值。这一理论更能解释为何从未曾商业利用其人格标识的普通市民亦享有公开权。因为每个人都享有人格自治的利益，有权控制其人格标识的使用。人格标识关系个体在公众面前的人格标识，反映个体一定的价值取向，当他人使用某人人格标识以表示某种担保或授权时，这种自治利益才得以显现。这样的使用影响第三方的认知，即使"使用"并没有预示某种授权或担保，也可能歪曲信息。另外，未经授权商业利用人格标识暗含着的某种"支持"，属于强制性言论，即被迫强制表达自己。类似于"盗版"对自我表达自由的侵犯。每个人都享有言论自由，包括是否表达以及与表达内容选择之自由，有权阻止能表明其"支持"的使用，不管这种使用是否会引起他人的负面评价。当所有自然人均享有人格标识中的自治利益，由此产生的损害赔偿也可能多样。就名人而言，一般为经济损害但并不排除精神性损害。非名人则极少从"授权使用"中获利，因此一般为精神性损害。

相较而言，人格自治理论既不用纠结于权利人是否对人格标识财产价值付出劳动的问题，也可以回避人格标识的不可对抗性和非耗竭性特质。人格自治理论从自治的自我界定出发论证人格标识上财产利益保护的理论，其出发点是从人格利益出发界定财产利益的理论，与其他理论从财产利益本身出发论证其保护的理论基础不同。以人格利益为出发点的视角更接近问题的核心。人格标识商业利用本来就是既涉及人格利益也涉及财产利益的问题，两种利益的保护很难完全割裂开来。人格利益是人与生俱来的利益，对其保护体现了法律对人本身的尊重，因此人格利益归属于本人。若从人格标识中财产利益产生的角度分析，该利益的产生源于知名度。知名度的产生非名人一人劳动所能及，是众多偶然因素促成的结果。因此该财产利益为名人一人所有不合理。但即使从财产利益产生的角度分析，也应当看到名人在这一利益产生的过程中起着主导性作用。若本人不主动追求或被动接受，这种人格标识上的经济利益将不复存在。人格标识上的经济利益只有在被使用时才显现出来，若个人拒绝将其人格标识商业利用，如建筑大师不愿以其知名度为任何产品代言，那么这种经济利益根本不会显现。不显现就不会进入法律的视野，因为不愿意商业利用人格标识者不会就未经同意的商业利用向法院提起经济损害赔偿。其他偶然的因素对人格标识知名度所做的贡献，一方面这些贡献本身通过别的途径得到了回报，如工资、文化娱乐等，另一方面通过对公开权的合理限制，已经实现了对社会因素贡献力的补偿，如言论自由和新闻自由。因此，人格标识财产利益归属本人的理论基础不是劳动理论，而是人对其人格标识享有的天然自由决定权，即人格自治理论。既然财产利益保护之理论基础与人格权之理论基础均出于对人的自由和尊严等人格的保护，同一基础上产生的两种利益就应该纳入统一的制度予以保护。如此一来，一方面可以兼顾人格利益与财产利益；另一方面也可以将"人格标识"的范围限制在具有人格联系的范围内，只能在公众心中唤起模糊的受害人影像的利用将不构成侵权。这样方能避免法院以财产权概念对人格标识财产利益的无限扩张，人格标识财产利益保护与言论自由的平衡也得以内化。

在人格自治理论基础上，人格标识财产利益保护的限制亦得以内化。仅具有指示性而不存在重新定义人格标识含义的使用不会违反人格自治利益。因为没有产生新的意义，也没有歪曲其固有的含义，甚至还有可能加强原有的含义，如新闻报道，自然地不构成对公开权的侵害。由此也能内生性地解决人格标识财产利益保护与言论自由的矛盾。劳动理论和人格自治理论在内部论证视角上的根本分歧在于：人格标识上财产利益究竟是来源于人格还是来源于财产。认为其来源于财产者以劳动理论为其理论基础；认为其来源于人格者以人格自治理论为其理论基础。

第五节 我国人格标识财产利益保护的理论基础

一、综合评析与启示

劳动价值论、防止不当得利论、经济刺激论均源自洛克劳动理论。除了劳动价值论是从内部论证人格标识财产利益之合理性以外，其他学说均是从外部需求（社会需要）的角度予以论证。前者说明的是这一财产利益本就由我创造，应该属于我，因此法律应当予以保护；后者体现的思想是人格标识上财产利益是怎么来的在所不问，既然存在这样一种利益，那么出于社会整体利益考量将这种利益归属于人格标识所有人。以洛克劳动理论为基础的不当得利论、劳动价值论和经济刺激论均或多或少地将人格标识财产利益的理论基础聚焦在劳动上。不当得利论反面强调未付出劳动者不得享受权利；劳动价值论正面强调付出劳动者应当享受权利；经济刺激论则出于增加社会财富的考虑，强调以权利刺激权利人更积极地劳动。这些论述都存在不可忽视的不足，其中最受诟病的一点即对论证中以劳动为赋予权利的伦理性基础与现实状况相左。事实上主体大多对其人格标识财产价值没有付出劳动，或不是唯一的劳动付出者。试图为人格标识上财产利益的分配寻找更具说服力的理论基础者，将思路转向个人在其人格标识上付出的劳动。

支撑人格标识所有权的劳动理论建立在两个理论之上，这两个理论都最终落脚到洛克劳动理论的核心——个人对其劳动所得享有排他性的财产权上。理论一：人格标识财产利益保护是基于个人劳动成果免受不当侵害的伦理诉求。支持这一理论者视名人的人格标识（或者至少说是人格标识的价值）为名人劳动所得的产品。有的学者认为这正是人格标识财产利益能独立于人格利益存在的理由。理论二：人格标识是基于工具主义的理论诉求，认为个人对其劳动成果产生的财产价值享有财产权不是（或不仅仅是）因为他具有伦理诉求，而是因为承认这种排他性的权利可以鼓励个人扩大劳动产品增加社会财富。这种工具主义的观点是借鉴了知识产权的理论，即专利权和著作权的保护是为了增加社会财富。但这两个理论都高估了个人在人格标识经济价值产生中的角色，每种观点也都曾遭受反对。首先，洛克的劳动理论不支持无形财产所有权的伦理诉求。其次，工具主义的劳动理论也不充分，因为人格标识中财产权的存在实际上很少或几乎没有刺激作用。最后，两种理论都不适合以它们为基础构建人格标识财产利益保护制度。

基于洛克劳动理论在论证上的不足，对人格标识财产利益保护的理论基础有了进一步的探求。其中比较有代表性的理论是分配效率论、康德财产理论和人格自治理论。分配效率论虽然不再依赖洛克劳动理论，但其弱点与经济刺激论很相似，在人格标识的非对抗性和不可耗竭性这一前提性问题上则不能给出令人信服的解答。康德财产理论和人格自治理论的共同之处在于都将人格标识上的财产利益与人格利益联系起来考虑。康德财产理论中财产与自由、人格相连，人格自治理论中财产利益与自治的自我界定利益相连。康德财产理论以人格标识客体化为基础，而客体化是以使用方式先占实现。这就使得未曾商业利用人格标识者对其人格标识上的财产利益不享有权利，并要求客体具有对抗性才谈得上因侵害了财产利益侵害了人格自由。人格标识的非对抗性特质使得这一理论成为解释人格标识财产利益时最大的障碍。

前述各项理论对我们进一步认识人格标识商业使用权是有帮助的。劳动理论作为传统有形财产的正当性基础论证有不可磨灭的功勋。由劳动理论确立的不劳而获的道德谴责是财产权存在的根基，它为人格标识之权利人的授权使用行为，以及人格标识之未经同意使用的不当得利返还等提供了很好的论证。但劳动理论在人格标识商业使用权保护上的应用最大的障碍是"有目的性地直接作用于劳动成果"。这不仅模糊了人格标识商业使用权的权利主体，也难以举证证明。分配效率论则是建立在资源的对抗性和可耗竭性基础上的。它作为传统有形财产权的存在基础具有一定合理性。但分配效率论的对抗性要件与人格标识商业使用权的非对抗性之间存在根本的、难以调和的矛盾。人格自治理论以自我界定利益为保护对象，更倾向于一种人格利益的保护，有助于厘清人格标识商业使用权与人格利益之关系，却不能为财产利益保护的正当性提供理论依据。康德财产理论内生性地将人格利益与财产利益联系起来。但康德财产理论要求以权利人曾经财产性利用其人格标识为前提。

二、康德财产理论的承继与新解

人格标识商业使用权保护正当性的讨论，除了关注其内在的逻辑周延和理论继承外，还应当关注以此为基础建立起来的制度的合理性，包括道德合理性和制度协调性等问题。从这一角度来看，康德财产理论与我国现行民事权利体系最为接近。康德财产理论作为人格标识商业使用权的理论基础时，应重新理解"自由"和"个人意志表达"。自由并不限于使用财产的自由，还包括决定是否将人格标识用于财产性使用的自由。"个人意志表达"的理解，应放在人格标识与主体天然的、稳定的视角下。作为个人意识表达的不是"使用"，而是"同意使用"。人格标识商业使用权人同意将人格标识用于商业使用，即享有财产权，有权请求财产损害赔偿；不同意将人格标识用作商业使用，视为放弃财产权，可请求精神损害赔偿。吸收康德财产理论之精华来解释人格标识商业使用权保护的正当性，使得人格标识商业使用权建立在自由和自治的基础上，得以与自主决定权和自我控制权联系起来。财产成为自由的一个维度。人格标识商业使用权也是人格自由的外化符号。人格标识商业使用权与人格是不可分的，保护人格标识商业使用权也是保护人格自由的重要手段。

第三章 我国人格标识商业利用法律问题的立法变迁与司法探索

　　人格标识商业利用现象现在已经很普遍，各大媒体铺天盖地的商业广告中利用名人效应者占相当的比例，同时明星"被代言"的现象也层出不穷。这一现象之所以被称为民法新问题的关键在于，人格标识财产利益的显现。人格标识商业利用案件中当事人遭受的人格利益损害应用传统人格权可以救济，但不涉及人格利益损害仅要求财产损害赔偿的却难以通过传统人格权或财产权实现保护。因此，人格标识财产利益的承认与保护是国内法学理论和实践面临的新问题。下文对国内现状的分析仍以人格标识财产利益的保护为重点考察对象。一个新兴法律问题的出现，首先接受考验的是司法机关。司法案例既是检验立法的试金石，也为理论研究提供素材。尤其在人格标识商业利用问题上，无论大陆法系国家还是英美法系国家，相关制度的完善均是司法先行，通过司法判例累积和法官智慧实现法律制度的完善。因此，在考察我国立法、司法和理论研究现状时，以司法案例为中心更容易接近事实的真相。对案例的整理分析只能在宏观上把握司法动向，过分注重细节处的逻辑推敲意义不大。

第一节 我国人格标识商业利用问题的立法变迁

　　我国民事立法继受了 19 世纪德国民法的基本思想，建构在两个理论之上：一是康德哲学之人格乃在体现人的尊严及价值，不得将之物化，使其作为交易客体；二是萨维尼的权利论，即人格权是以自己的人格为内容，并没有一个可以支配的客体，不同于财产权。据此民法通则的立法者认为人格权是精神性权利，无直接财产内容，与权利护体的人身不可分离，也不具有可转让性。民法通则对侵害人格权的财产性救济主要限于精神性救济，如停止侵害、排除妨碍、赔礼道歉，以及后来的精神损害赔偿。这种立法选择并非因为当时肖像、姓名中的财产价值毫无体现或立法者故意视而不见，只是因为牢不可破的人格权属于非财产权的认识。在大陆法传统的影响下，我国人格权保护的客体是人格利益。人格权保护人格法益的完整，主要在以消极或静态的方法要求他人尊重，不得侵害其生命、身体、健康、自由等人格利益，不侵入其私人的领域，不妨害其自主的自我决定及自我表现。人格权的保护模式以消极的事后救济为主，人格权的保护及救济以人格权受侵害为基本要件，私法上对人格权的保护也在于使人格权受他人不法侵害时有所救济。民法通则第一百二十条规定了停止侵害、恢复名誉、消除影响、赔礼道歉、赔偿损失的救济方式。在国内民法中，肖像权、姓名权属于人格权，是人身专属权，不得转让、继承。

单从我国现行立法条文来看，可能涉及人格标识商业利用问题的法律包括《中华人民共和国民法通则》（以下简称民法通则）、《最高人民法院关于贯彻执行〈中华人民共和国民法通则〉若干问题的意见（试行）》（以下简称"民通意见"）、《中华人民共和国侵权责任法》（以下简称侵权责任法）、《最高人民法院关于确定民事侵权精神损害赔偿责任若干问题的解释》（以下简称精神损害赔偿责任解释）、《中华人民共和国商标法》（以下简称商标法）、《中华人民共和国著作权法》（以下简称著作权法）、《中华人民共和国广告法》（以下简称广告法）和《中华人民共和国反不正当竞争法》（以下简称反不正当竞争法）等。但法院在处理人格标识商业利用案件时最常引用的法律条文是民法通则第九十九条、第一百条、第一百二十条，"民通意见"第一百四十一条、第一百三十九条、第一百五十条以及广告法第二十五条。

民法通则第九十九条第一款规定自然人姓名权并在"民通意见"第一百四十一条对侵害姓名权的行为做了进一步规定，第一百条规定自然人肖像权并在"民通意见"第一百三十九条对侵犯肖像权的行为做了进一步规定。同时，民法通则第一百二十条和"民通意见"第一百五十条对侵害姓名权和肖像权等人格权的责任方式和损害赔偿额的确定做了进一步规定。从民法通则和"民通意见"的规定来看，姓名权和肖像权被界定为人格权，不具有直接财产内容，保护方式以停止侵害、赔礼道歉、恢复名誉为主，而所谓"赔偿损失"的含义，结合上述立法思想以及精神损害赔偿解释，实质是指精神损害赔偿，而且将保护范围扩展到死者利益上。因此，"民通意见"第一百三十九条规定的"以营利为目的，未经本人同意，利用其肖像做广告、商标、装饰橱窗等"虽然对人格标识商业利用问题做了规定，但却不承认肖像之财产价值，对其救济也以精神损害救济为主。侵权责任法虽然没有明确承认人格标识之财产价值的救济，但第二条和第二十条的规定为法律解释留下了空间，有待进一步理论研究的支撑。

除上述法律规定外，另有一些特别法对人格标识商业利用问题也有所涉及，如广告法第二条、第二十五条、第四十七条。其中广告法关于使用他人姓名、肖像做商业广告的，不得损害当事人的人身权的规定甚具合理性，有效地保护了自然人，特别是未成年人的人身权，也部分地填补了未将"同意"的内容和方式等具体化规定而遗留的缺陷。

人格标识商业利用案件中引用最多的法条是民法通则第一百条和"民通意见"第一百三十九条。民法通则第一百条："公民享有肖像权，未经本人同意，不得以营利为目的使用公民的肖像。""民通意见"第一百三十九条："以营利为目的，未经公民同意利用其肖像做广告、商标、装饰橱窗等，应当认定为侵犯公民肖像权的行为。"这两条关于肖像权侵权的规定，在司法实践中被大量引用。一般认为，构成肖像权侵权的要件，包括未经本人同意、擅自使用他人肖像、以营利为目的三个方面。这三个方面的构成要件看似与美国公开权侵权构成要件相似，本质上却大相径庭。美国公开权以保护人格标识之财产利益为宗旨，自其产生之初即被定性为财产权，而我国肖像权从立法目的来看主要是以保护精神利益为主，属于人格权的范畴，侵权损害赔偿亦以精神损害赔偿为主。近年来，在我国，随着明星代言纠纷、擅自使用明星人格标识于产品或广告之纠纷诉诸法院，法院开始尝试视肖像权为一种特殊人格权，承认其中包含财产利益。

2021 年 1 月 1 日施行的《中华人民共和国民法典》在人格权和人格标识商业利用问题上有重大突破。我国民法典人格权编实现了人格权的积极确权，并在第一千零二十一至一千零二十三条规定了姓名、肖像、声音等人格标识的许可使用，并对人格标识许可使用合同的解释与解除做了特别规定。人格标识上承载着财产利益已是不争的社会事实，民法理论和民事司法对人格标识上的财产应予保护也已经达成共识。分歧在于：在人格权与财产权二分的权利体系中，人格标识上财产利益究竟应该归属于人格权还是财产权。人格标识上的财产利益归入人格权将造成对人格权专属性和精神属性的冲击，归入财产权又必然忽略人格标识与自然人的稳定联系。民法典在立法体例上将人格标识许可使用放在人格权编，这是否构成对传统人格权专属性和精神属性的冲击？许可使用应作何理解？民事主体对其人格标识上财产利益所享有的权利，即为人格标识商业使用权。人格标识商业使用权保护何以应当受保护，是确定其权利定位的前提性问题。人格标识商业使用权的权利性质与构造是解释民法典第一千零二十一条"许可使用"的基础。

第二节 我国人格标识商业利用问题的司法探索

"法院实务上的案例，在相当程度上可以显示人民的权利意识及法制变迁"，因此，该部分对我国人格标识商业利用问题现状的考察以司法探索为核心，并且在对司法案例的分析中，尽可能围绕现行法律在人格标识商业利用问题上的解释与适用展开。据考察，《中华人民共和国民法通则》施行后，因被代言提起的诉讼最早可见 1987 年重庆中院审理的卓小红诉孙德西、重庆市乳品公司侵犯肖像权纠纷案。随着网络的兴盛与普及，明星"被代言"的现象更普遍，手段更多样。自进入 21 世纪后，法院受理该类案件呈逐年上升趋势，另外还有诸多并未起诉至法院而通过私力救济或不了了之的"被代言"现象更是数不胜数。我国现行人格标识商业利用纠纷案件中，未经同意擅自利用他人肖像的案件占了绝大多数。其次是擅自利用他人姓名的案件，而擅自利用姓名、肖像之外人格标识的案件仅占很小部分。对人格标识中的财产利益法院的态度有消极否认和积极承认两种，前者所占的比例有逐渐减少的趋势。

根据民法通则第一百二十条第一款的规定，人格权受侵害者"并可以要求赔偿损失"。此处的"赔偿损失"与其他有关财产侵权的法律条文中的"赔偿损失"之间是同词异意的关系。从立法目的来看，此处的赔偿损失主要是针对精神利益受侵害的赔偿而言，是以金钱手段抚慰精神损害之意。按这样的立法精神，法院在最初遇到明星"被代言"案件时，通常以以下三种方式回避人格标识中的经济利益：（1）对被代言者的请求不予支持。认为明星本来就以知名度为荣，以产品代言求利，"被代言"只是无利可图而已。没有降低明星的社会评价，没有影响明星正常生活的广告宣传，根本谈不上精神损害。（2）判决少量的精神损害赔偿金。在"被代言"的产品是对明星的名誉有损害的假冒伪劣产品时，使明星的社会评价降低，认定有一定的精神损害，予以精神损害赔偿，但这种精神损害赔偿是建立在现有人格权制度框架下，以姓名权、肖像权或名誉权为保护对象，不涉及人格标识财产利益的问题。（3）在擅自使用明星人格标识于无损其社会评价的产品代言的案件中，法院为了适当平衡当事人之间的利益，十分牵强地以明星精神损害为由判决少量赔偿金。"被代言"者通常也只能牵强地主张精神受到损害，从而要求赔偿金。如2008年付某诉洛阳某婚纱摄影有限公司未经同意擅自使用其全家福做商业宣传案，洛阳市涧西区人民法院一审判决被告支付原告精神抚慰金2.7万元。无论上述哪种做法，都固守人格权属于精神性权利的立法，不承认人格权中的财产利益，最终形成一个从社会及伦理的角度难以让人称道的结果：使擅自使用他人人格标识推广产品获得暴利的企业只承担极小的风险成本。但近年来，越来越多的法院开始承认人格标识中的经济利益，并对其救济方式做出了诸多积极有益的探索。

一、人格标识中财产利益的逐步承认

各地方法院在承认人格标识财产利益的探索方面颇具实践意义，并且这些认识单从结果上看也契合了世界范围内就此问题的最新发展趋势。若理论研究能为有益的探索提供理论支撑，方能使这些有益探索更具生命力。

（一）以不同方式承认人格标识中的财产利益

近年来，法院开始承认肖像和姓名上之财产利益并予以救济，但在处理方式上因为对人格权与财产权二分理论的坚守程度不同而有所差别，总结如下：（1）以精神损害赔偿的方式变相补偿经济损失。如袁某某与成都晚报社肖像权纠纷上诉案中，成都市中级人民法院在认定"未损害袁某某个人人格标识，不至于导致大多数受众对袁某某个人有误解或不良评价"的情况下判决给予精神损害赔偿。唯一的解释就是，法院为了追求结果正义，以精神损害赔偿补偿肖像上经济利益的损害，以制裁侵权行为。这种做法在探索人格标识商业利用问题解决路径的早期被普遍采用。（2）模糊损害的概念或直接使用更为中性的"补偿"一词，对人格标识上财产的损害给予间接补偿，这种做法最为普遍。（3）直接对人格标识之财产利益损害给予经济赔偿。

人格标识未经同意被商业利用的救济主要通过损害赔偿、停止侵害、赔礼道歉等方式实现。很多时候法院都没有明确区分是对精神利益的救济还是对财产利益的救济。因此，法院对人格标识中财产利益的承认是在精神损害救济的基础上逐步承认财产损害救济，或者说是在缺乏理论支撑的情势下以权宜之计的方式对财产利益予以承认。不管承认的方式和保护的路径如何，法院对人格标识上具有财产利益且应予以保护的认识，是达成基本共识的。

（二）承认名人与非名人均享有人格标识上的财产利益，但损害赔偿数额差别很大

在承认名人人格标识上财产利益的同时，法院并没有否认非名人人格标识上的财产利益。相较明星"被代言"案中动辄几十万的赔偿数额而言，非名人获得的赔偿数额要少得多。

二、人格标识商业利用侵权规则的探索

（一）人格标识商业利用侵权构成要件的探索

鉴于人格标识商业利用中，因肖像被擅自商业利用起诉至法院的案例最多，下文对司法侵权构成要件的探索，以肖像商业利用为对象。根据民法通则第一百条的文义解释，关于肖像商业利用侵权的构成要件有以下几方面值得考察：（1）被告使用了原告的肖像；（2）被告出于营利目的；（3）未经原告同意；（4）过错。

1. 被告使用了原告的肖像——可识别性标准

肖像是个人人格标识以图画影像等方式的客观再现，为个人人格标识在特定时间、特定地点、特定背景环境下的客观展示。使用了原告肖像的认定在早期的肖像权纠纷案例中多以使用他人照片或画像为侵权方式，但现在法院开始在这种直观的形势判断基础上，探析肖像背后的根本特征——可识别性，即本人相貌综合特征给他人形成的、能引起一般人产生与本人有关的思想或感情活动的视觉效果。

2. 未经原告同意

对人格标识的使用是否获得原告同意一般是很容易判断的。在存在许可协议的情况下，以下情形仍属于未经原告同意的情况：（1）超出许可协议约定的期限。（2）违反许可协议约定的形式。（3）超出许可范围。值得注意的是：对存在许可协议的当事人来说，超越授权范围或违反约定使用他人肖像，既属于违约行为，也构成侵权，属于请求权竞合。肖像权人有权选择最有利于自己的请求权基础寻求救济。

3. 以营利为目的

民法通则第一百条从文义解释上看，以营利为目的是肖像侵权行为构成要件，但其性质究竟为何，学术和司法中均有争议。就司法案例来看，仍有判决将以营利为目的作为认定肖像权侵权行为构成要件，也有判决明确表示是否具有营利目

的不影响肖像权侵权构成。

在对以营利为目的的具体判断标准上，早期曾有个别法院存在以主体性质推定行为性质的形式主义。对企业等营利性机构擅自使用明星人格标识做宣传的行为被认定为是"以营利为目的"的，非营利性机构使用他人人格标识做宣传的行为就不是"以营利为目的"的，如学校、报社。但近年来，法院虽然仍会参考主体性质是否是营利性主体，但几乎已经没有法院再将其作为判断标准，而是从行为本身考察是否具有营利目的。司法实践在对何为"以营利为目的"的探索道路上形成了以下判断方法：（1）主要目的考察。如，彼特·威廉·罗宾逊案中，法官在判决书中论述道："被告的主要目的，在于直接推介学校的社会人格标识，扩大学校的招生。因此，具有营利目的。"（2）反面解释法——单纯公益性的行为即不具有营利目的。（3）从行为结果反推——是否实际上牟取了利益。

4. 过错是不是侵权行为构成要件

在确定损害赔偿额时考虑过错程度是法院的普遍做法。如法院对以营利为目的的侵害肖像权的赔偿金额，不仅要考虑被告的过错程度、侵权行为的具体情节、侵权后果和具体影响，还要参照一般有偿使用肖像的费用标准。根据侵权责任法第六条的规定，一般侵权行为应以过错为要件，是否可以由法院在确定损害赔偿额时考虑过错程度反推法院在人格标识商业利用案件中坚持了过错要件？如果是，为何没有在判决理由中就被告的过错做任何分析说明？

（二）财产损害赔偿额确定方法的探索

1. 财产损害的证明

损害赔偿请求权是否以存在实际损害为前提的讨论，可参考的案例并不多。有些案件中，法院以原告不能举证证明遭受了实际损害为由，对经济损害赔偿不予支持。

2. 财产损害赔偿额的确定方式

在明确承认原告人格标识中的经济利益的案件中，法院大都对损害赔偿额的

确定方式做了说明,通过整理归纳可知,法院在确定损害赔偿额时的考虑因素如下:

（1）许可使用费。商业利用其人格标识的,参照曾经许可使用报酬,侵犯著作权、肖像权纠纷案中,法院"参照模特行业肖像使用费的一般付费标准……酌情予以确定"。

（2）原告知名度。在某名人肖像权纠纷案中,泉州市中级人民法院认为"原审法院根据……原告知名度……确定损害赔偿额并无不当"。

（3）侵权人获利。在某名人肖像权纠纷案中,两审法院均将可能给侵权人带来的经济收入作为确定损害赔偿额的参考因素。

（4）过错程度。因为"民通意见"第一百五十条规定侵害姓名权、肖像权案件中,原告要求赔偿损失的,法院可以根据侵权人的过错程度和侵权行为的具体情节确定赔偿责任,所以很多法院在审理这类案件时,均说明在确定损害赔偿额时考虑了侵权人的过错程度,但对侵权行为人过错的分析却很匮乏。如某名人肖像权纠纷中,虽然法院提及了侵权人的过错程度,但并没有对其做任何实质性分析。

三、人格标识上财产利益死后保护的探索

就死后人格标识上财产利益的保护而言,承认人格标识中财产利益可继承的案件,在李 A、李 B、李 C、李 D、李 E 诉北京李 × × 笔业有限责任公司姓名权纠纷案中,被告将国内著名的制笔艺人李某某的姓名在其去世 35 年后,经上级主管部门批准注册成商标,李某某的五位子女在 2002 年提起诉讼要求被告停止侵害、赔礼道歉、赔偿经济损失和精神损失。法院最终判决李某某的姓名所带来的财产方面利益,其子女可以继承,但自继承开始之日起,至今已经超过 20年诉讼时效,因此原告的诉讼请求无法律依据。本案的意义在于法院不仅承认姓名上的财产利益可以继承,而且明确该利益适用 20 年诉讼时效。但民法通则第一百三十七条规定的 20 年诉讼时效期间是从权利被侵害之日起算,而本案继承发生之日与权利被侵害之日不一致,法院适用 20 年诉讼时效期间并无依据。杨某某的继承人诉某公司在杨某某肖像权使用合同过期后未经原告许可继续使用肖

像做广告宣传案，上海市第二中级人民法院终审判决被告向杨某某的法定继承人赔偿 5.5 万元赔偿金及 5 000 元精神抚慰金。本案中法院在确定损害赔偿额时综合考虑了侵权者的主观故意、涉案广告超期播放的时间跨度、播放广告的电视台的收视覆盖面以及涉案广告的宣传效果等因素。以获取更高商业利益为目的使用著名外科专家肖像照片做广告，构成肖像权侵权，死者之妻有权要求赔偿。最后法院判决被告销毁广告影像资料，赔偿原告经济损失 5 万元及精神损害抚慰金 10 万元。本案中法院确定损害赔偿额时考虑了死者"生前享有很高的声誉和社会影响力"。

关于死后人格利益的保护，目前仍未见原告主张死者人格利益受侵害的判决，死者近亲属基于自身精神利益遭受损害诉请被告停止侵害、赔偿精神损害的，有判决予以支持。如蔡某某等诉某某市电信局等肖像使用权纠纷案中，法院认为近亲属自身精神利益受侵害的，应予救济，最终判决被告停止侵害、赔礼道歉并赔偿精神损失 8 000 元。在李某某等与某某中心医院肖像权纠纷案中，医院呼吸科在未经李某及其近亲属同意的情况下使用李某在该医院就医时的照片做宣传，李某的妻子和四个子女以精神遭受严重损害为由诉至法院，要求被告停止使用李某肖像并赔偿精神抚慰金 6 万元。法院最终根据民法通则第一百二十条、第一百三十四条判决被告停止照片使用，并赔偿原告精神抚慰金 6 000 元。这两个案件均采用死者人格保护中"近亲属利益保护说"。

综上，人格标识中无直接财产价值的认识随着市场经济的发展已经不断受到挑战，人格权与财产权二分理论随着现代科技和商业的发展也屡屡受到挑战。现在虽然我国立法仍保持传统的模式未变，但司法界和学术界都已经在人格标识商业利用等问题的冲击下不断质疑其合理性，并开始关注国外先进立法和学术研究对传统人格权与财产权二分理论的反思和突破。学术界近年来的成果主要是对国外先进立法的介绍和引进。司法界在缺乏系统理论支撑的情况下，面对逐渐增多的人格标识未经同意被商业利用案件，不得不对现行立法做更宽泛的解释。法院勉强承认了人格标识中的财产利益，并对其侵权构成要件、损害赔偿额计算等问题做了虽缺乏说服力却大胆的探索，体现了一种新的权利发展过程中常见的简明说理。

第二部分

比较研究

第四章 反不正当竞争模式

第一节 不正当竞争与人格标识商业利用

国际通行的关于不正当竞争行为类型的规定，见于《保护工业产权巴黎公约》第 10 条的规定。该条规定不正当竞争行为方式有以下三种：其一，与某一竞争者的商业行为产生混淆；其二，提起错误诉讼毁损某个竞争者的名誉；其三，做出能误导公众的指示。但英美法系国家和大陆法系国家不正当竞争法律规则及其在人格标识商业利用问题上的适用不同。

一、英美法系中的不正当竞争

英美法系中的不正当竞争一词通常在以下三种意义上使用：（1）作为仿冒（passing off）的同义词适用；（2）作为一般性概念来概括普通法和衡平法上保护交易者免受竞争者不法交易行为损害的诉因；（3）指一般盗用（misappropriation）无形财产的诉因。盗用无形财产的诉因在美国发展起来，并不被英国接受。在人格标识商业利用问题上，英国已经有以不正当竞争之诉保护人格标识财产利益的判例。该判例将未经授权商业利用他人人格标识归于仿冒侵权的范畴，认为使公众产生误解的盗用行为损害了原告的商誉。澳大利亚法院从实用主义立场出发，对不正当竞争行为的解释更宽泛，通过对侵权行为核心要素的过度扩张，产生了几个以不正当竞争法解决未经授权商业利用他人人格标识的判例。加拿大魁北克省则进一步承认盗用他人姓名或肖像进行广告宣传的行为构成不同于仿冒侵权的独立侵权类型。

二、大陆法系中的不正当竞争

大陆法系中的不正当竞争是一种一般性概念,包括几种类型的不法竞争行为:误导性广告、违反欧盟法标准的比较性广告、挑衅性和干扰性广告、混淆产品或商家、不法揭露秘密等。其中被大多数大陆法系国家承认的不正当竞争行为是不法利用竞争者的商业价值。但盗用(misappropriation)只在具体情形中被作为不正当竞争行为。根据德国不正当竞争法,似乎以滥用理论解决人格标识商业利用问题是非常恰当的,但德国并没有选择这条道路而是选择扩张人格权来保护经济利益。法国的情况也很类似。德国2004年的《反不正当竞争法》规定了几种存在于交易中的不正当竞争行为。德国的不正当竞争行为并不限于盗用竞争者的商业价值。不正当竞争行为概括了所有违反诚实信用原则的竞争行为,同时通过列举的方式将不正当竞争行为具体化(第4条、第5条、第6条、第7条、第17条)。其中第4条第9项(certain kinds of product imitation)初看起来似乎很适合用来作为保护人格标识免受未经授权商业利用的法律基础。这条确立了不正当竞争侵权的一般规定。根据本条规定,如果仿冒行为引起混淆或以不合理方式利用竞争者的信誉都将构成不正当竞争行为。但德国的法院似乎从来没有尝试着以不正当竞争法保护人格标识免受未经授权的商业利用,其原因有以下两个方面:一是,不正当竞争的诉因只能由具有竞争关系的经营者或消费者组织提起,具有竞争关系的经营者与英国传统仿冒之诉中"共同活动领域"。但竞争关系意味着双方都将从商业信誉中获利。从这种意义上讲竞争关系只存在于名人和交易者均有商业行为的情形。但当名人没有任何商业行为或广告行为时,不正当竞争法就不能适用于人格标识商业利用案件。二是,不正当竞争法并不赋予积极权利,只是禁止某些行为。保护人格标识不受未经授权的商业利用与人格自由相关,人格自由很容易与主观权利联系起来,而不是与不正当交易中对某些行为的禁止性规定联系起来。如,未经同意使用他人的肖像在赋予个人有权决定是否公开其肖像时,只是合理不合理的问题。然而问题的关键在于,未经授权商业利用人格标识不是合理不合理的问题，而是涉及是否要将潜在的市场价值分配给个人的问题。

三、人格标识商业利用与不正当竞争的契合

以不正当竞争法解决人格标识商业利用问题主要见于英美法系国家。美国公开权的产生和发展借助了不正当竞争理论并仍与其保有千丝万缕的联系。虽然美国公开权是脱胎于隐私权的新型权利，但在公开权产生之前也有不少以不正当竞争法解决人格标识商业利用问题的案例。在公开权产生发展的过程中，不正当竞争法中的规则也发挥了重要的作用。在公开权确立之后仍有将其与仿冒并列归入不正当竞争法体系的做法，认为公开权同盗用一样，可以被视为提供了一个区别于仿冒和不正当竞争的独立规则，用以保护自然人对其姓名或肖像所做的投资。司法中也不乏运用不正当竞争法理论和规则处理公开权案件的案例，如 Zacchini 案中公开权几乎与盗用侵权同义。

英国、澳大利亚和加拿大魁北克省在处理人格标识商业利用问题上仍处于依赖传统不正当竞争理论的状态，或处于正在借助传统不正当竞争理论实现蜕变的过程中。本书暂且将这种状态称为反不正当竞争模式。反不正当竞争模式最具代表性的应用存在于英国、澳大利亚以及加拿大魁北克省的普通法中，主要涉及不正当竞争法中的两种制度：一是仿冒，包括英国传统的仿冒侵权及在澳大利亚发展并被英国接受的更广义的仿冒侵权；二是盗用，包括传统盗用无形财产理论和加拿大盗用人格标识侵权。

第二节 仿冒侵权制度在人格标识
商业利用中的适用

仿冒侵权制度保护的对象是商誉中的财产。仿冒侵权制度的立法目的在于防止经营者将自己的商品仿冒成他人的商品或暗示自己的商品与他人的商品具有关联性，给他人商誉造成损害。传统仿冒侵权制度的适用范围随着现代社会的发展

有所扩张，但仿冒侵权责任构成的核心三要件未曾改变：一是原告的商品、商号或商标上存在商誉；二是被告以混淆或欺诈等虚假表示引起公众误解；三是给原告造成了损害。以下分别就三个要件的内涵及其在人格标识利用问题上的扩张适用详述之。

一、人格标识上的商誉

商誉是与特定商业密切相连的信誉，是仿冒侵权制度保护的财产利益的载体，不能独立于商品或商业存在。商誉和信誉通常难以区分，如职业信誉中往往既包括了经济价值也包含某方面的人格要素。原告提起诽谤之诉时无须证明具体的损害，法院将推定损害随着侵权行为自然产生。原告提起仿冒之诉时，必须证明因商誉损害造成了实际损失或存在造成实际损失的可能性。在英国早期的案例中，未经授权使用商业利用外科医生的名字，法院没有区分商誉和信誉，也不承认个人对其姓名享有财产权，只承认外科医生对其财产、商业或职业的损害有权提起诉讼。

仿冒侵权制度适用于人格标识擅自商业使用侵权的前提，是证明人格标识中存在商业和商誉。传统仿冒侵权中以是否存在交易利益作为是否存在商业和商誉的标准。判断人格标识中是否存在商业和商誉，同样必须以交易利益为依据。根据普通法判例，人格标识中的商业在狭义上是以营利为目的、自己商业使用或许可他人商业使用人格标识的辅助性商业，如曾经商业利用个人人格标识的演员、职业赛马者、流行乐队、电视主持人，他们对人格标识的商业利用即属于仿冒侵权中的商业；广义上的商业涵盖个人从事的职业、艺术或文学工作。未曾商业利用人格标识的表演者和作家提起仿冒之诉时，法院广义地认为其职业即商业，原告的姓名中存在商誉。

在人格标识商业利用中将商业或商誉限于存在交易利益的情形，虽然使保护范围过于狭窄，但对确定损害赔偿额是有利的。传统仿冒侵权中经济利益从被仿冒者转移至仿冒者，可以通过仿冒者因仿冒行为获得的利益确定被仿冒者所遭受的损失。同理，人格标识商业利用中的损害也可通过被告商业获利确定。问题在于：第一，未经同意商业利用人格标识是否对职业造成了损害？这完全取决于对职业（或商业）的解释，曾商业利用人格标识的演员的辅助性职业可以勉强解释为商业，但政治家、宗教领袖等未曾许可利用其人格标识者的职业能否被解释为商业很有争议。即使采用广义的商业定义，对职业的损害以及其与经营者获利之间的转化关系仍很牵强。第二，普通个人因其人格标识中没有或几乎没有基于辅助性商业或职业的交易利益，将被仿冒侵权制度排除在外。但是，根据人格标识与个体人格的关联性，每个人都应该平等地享有防止其人格标识被擅自商业利用的权利。第三，交易利益标准基础上的损害赔偿计算方式是否足以补偿所有损害？对职业造成的损害不一定都是商业利益的丧失，且这种损害难以计算，更何况人格标识商业利用造成的损害不限于经济利益的损害，通过以商誉为逻辑起点的保护无法实现非经济利益损害的赔偿。

二、人格标识擅自商业利用中的虚假表示

虚假表示是被告通过不实表示使公众误以为被告的商品就是原告的商品，或是与原告的商品同种类或同质量的商品。虚假表示的行为方式是不符合事实的表示，行为结果是使公众产生混淆或误解。进入 20 世纪后，英国已经摒弃了虚假表示中的竞争性要件，原告和被告是不是同类商业中的竞争对手已不再是判断虚假表示的必要条件，被告错误地表示其商业与原告的商业相关联使公众产生误解即构成虚假表示。人格标识商业利用问题上，不实地呈现原告对被告的商品或服务的许可或支持，使公众以为原被告之间存在授权关系，给原告造成损害或可能给原告造成损害即构成虚假表示。

（一）虚假表示的判断标准

在虚假表示的判断标准上，存在从"同一领域"标准向"许可性联系"标准转变的趋势。早期的英国采取"同一领域"标准，即原被告的行为属于同一商业领域方构成虚假表示。但"同一领域"与混淆性之间并没有必然联系，如，电台播音员难以证明其与早餐供应商属于同一职业领域，后者未经同意擅自商业使用

其艺名也可能使公众误以为播音员支持该产品。在英国有大量案件因为不符合"同一领域"标准，被法院认定为对原告人格标识的利用没有在公众心中产生混淆，遂不予救济。

澳大利亚法院摒弃"同一领域"标准，采用"许可性联系"标准。被告未经同意对人格标识的使用使公众在原被告之间产生许可性联系，以为原告对产品或商业表示了支持、许可、推荐等意思就构成虚假表示。"许可性联系"标准的前提性假设是：消费者通常将对名人的认可转化为对名人支持的产品的认可，经营者也利用这一消费心理促进商品销售。首次使用"许可性联系"标准的是 Henderson v.Radio Corporation Pty Ltd 案，该案中法院认为被告将原告作为舞蹈演员的人格标识用于其发行唱片的宣传（虽然没有表现明确的支持意味）构成虚假表示。这种虚假表示使原告的商业（法官将商业广义解释为包括职业和兼职）与被告的商业联系起来。该案中法院提出的另一个被广泛讨论的观点是：法院认为不当利用他人的职业或商业信誉是对原告人格自由的伤害，原告有权利按个人意愿拒绝或同意他人使用。被告非法剥夺了原告通过拒绝或同意他人使用获得经济利益的权利。这个案件中没有明确仿冒侵权中的损害赔偿范围是否应该限于在原告职业范围内给其造成的损害。狭义的解释可以将原告的损害赔偿有效地限制在支持性利用案件中，虚假陈述也限于使得原告的职业与被告的商业相关联的陈述。广义的解释认为原告享有对与自己商业或职业无关的产品表示支持或授权的权利，或者将其视为商业（如许可或交易），或作为一种财产权。狭义解释仍属于仿冒侵权的范围，仿冒侵权以保护商业或职业中的商誉为目的。广义解释则超出了仿冒侵权的范畴，属于个人人格标识中的财产权的问题，类似于公开权。澳大利亚法院在个案中对"许可性联系"标准有过于偏好之嫌，如 Mirage Studios v.Counter-Feat Clothing Co.Ltd，该案中尽管缺乏有力证据表明公众误以为被告的商品获得了原告的许可并因此购买商品，法院仍然认定虚假陈述成立。虚假宣传这一构成要件在每个案件的事实认定部分都非常重要。公众基于这种假定的联系而选择被告的产品，不足以证明公众相信在被告和许可使用者之间存在某种授权关系。消费者可能对产品是否经许可并不感兴趣。未经授权的产品与经授权的产品对许多消费者同样具有吸引力。对授权使用的知晓、对质量控制的信任以及对这种信任的依赖是三个独立因素。

近年来，英国法院也接受了"许可性联系"标准。在 Irvine v.Talklport 案中，著名的一级方程式车手就被告使用其照片为广播电台做广告提起诉讼。原告的照片被做了修改，以印有被告广播电台名称的手提收音机替代了移动电话。法院认为这是名人常用的以授权方式商业利用其姓名或肖像的形式，并在名人总收入中占重要比重。仿冒规则应该反映市场需求，市场上生产商和销售商为名人代言支付报酬。原告承认宣传小册不足以证明被告使用了原告的人格标识。法院对销售广告权（merchandising right）和授权许可 (endorsement) 进行了区分后，认为在被告的广告中表现授权、推荐或赞同（或在听众中产生合理的信任）的意思。该案例以被告的行为是否显示出授权为标准略显武断。

与"同一领域"标准以行为范围决定行为性质相比，"许可性联系"标准以行为结果来判断行为性质更符合以混淆性来确定虚假表示是否成立的逻辑，也更符合法律只对产生或可能产生危害结果的行为加以规制的基本法理。"同一领域"标准虽不再用以判断虚假表示是否成立，但在确定损害赔偿额时还是很有价值的。许可性联系标准也有其内生性的限制。它将不具有许可性联系的非支持性利用排除在外。非支持性利用只是将人格标识作为引人注意的工具。非支持性利用使公众在人格标识和产品之间产生感官性刺激以加深消费者对产品的印象但并不表示任何支持或推荐意味，不会在消费者心中产生任何混淆，因此不构成虚假表示。但人格标识商业利用现象中支持性利用（包括工具性支持或非工具性支持）虽占一定比例，更多的是不具有许可性联系的非支持性利用。不具有许可性联系的非支持性利用只是盗用他人人格标识，无法适用于仿冒侵权制度。下文专设一部分进一步解析盗用无形财产理论在人格标识商业利用问题中的适用。

（二）授权的判断方法

仿冒侵权中，以许可性联系标准判断是否构成虚假表示时，是否存在授权是非常重要的事实判断。澳大利亚法院判断是否存在授权的方法是：是否大部分公众都因被误导而相信原告和被告之间已经达成了商业协议，根据这一协议原告同意将其人格标识用于产品广告。原告提起仿冒之诉的前提是被告的行为构成虚假陈述（误导公众以为原告已经授权或与被告商业或产品有关联）。这就要求原告提供充足的证据证明其商业（采广义解释）和被告的商业之间存在授权联系。只是在广告中提到某个名字并不必然意味着有授权、推荐或牵连关系存在。例如，当某运动员的照片出现在机场广告中，但这个广告是为了倡导学校开展体育运动，不是为机场打广告。公众也不会以为该运动员在为机场代言。该广告没有以促成交易为目的地使用授权，只是用来吸引注意力。

是否存在授权的判断可以分为两步：第一步是由法官判断广告中是否传达了授权使用的信息；第二步是在法官不能确定广告中是否传达了授权使用的信息时，判断消费者是否会推定出广告中存在授权。这种判断方法面临的质疑是：消费者是否真正关心有无授权协议或人格标识与产品之间有无联系。事实上，很多消费者只是简单地想买某个印有某明星肖像的商品。鉴于此，澳大利亚法院认为强调授权对虚假宣传要件的影响，目的在于保护人格标识权利人授权的自由。这为法院确定损害赔偿性质做了很好的铺垫。

人格标识中的经济利益以潜在的可识别价值以及既存交易利益的形式存在。仿冒强调虚假陈述，即在主体和产品之间没有任何形式的商业协议，也没有明示或暗示的授权，但让公众以为存在授权。使用了他人人格标识但没有传达授权的信息构成对他人人格标识的盗用而非虚假陈述。在 Hogan v.Koala Dundee Pty Ltd 案中，法官认为让公众误认为存在许可协议，构成对消费者的欺诈，构成虚假陈述。广告中传递虚假的授权信息与关于产品来源或质量的虚假陈述不同，虽然有助于促进销售，但不是通过建立或依靠消费者心中的任何混淆来促销产品。法院判决被告承担责任的理由是商业利用他人的商业信誉，错误地将属于他人的人格标识与其产品联系起来。这一判决理由已经与仿冒之诉并不赋予人格标识任何权利，只是保护商誉这一原则完全背离。澳大利亚法院仍坚持以证明虚假陈述和对商誉的损害构成仿冒的必要条件，但法院对这两个要件的解释相当自由。如此一来，澳大利亚法院变相承认了人格标识上的权利。

三、人格标识商业利用中的损害

英国主流观点依然坚持损害是仿冒的基本构成要件之一。传统仿冒之诉中存在交易利益转移，损害可以通过被告的获利确定，无须过多讨论。人格标识商业利用案件中的原、被告多在不同商业领域，没有交易利益转移，损害的证明是很困难的。在普通法仿冒之诉中曾出现以下几种典型的损害形式可供讨论：

第一，有害联系产生的损害。虚假表示使原被告之间产生了一种有利于原告、有害于被告的联系，损害也以这种有害联系的形式存在。人格标识商业利用问题通过许可性联系理论被置于仿冒规则之下，损害也能以有害联系的形式存在。但未经同意商业利用人格标识，即使因具有许可性联系构成虚假表示，这种联系是否会有害于原告的职业或商业也有待商榷，且损害程度也难以确定。

第二，承担责任或诉讼风险的损害。商业社会中虚假表示产生的原被告之间的联系，可能使原告承担责任或诉讼风险。Routh 案中法院将这种损害形式引入人格标识商业利用，认为原告可以阻止他人擅自商业使用其人格标识以避免承担责任的风险。但擅自商业使用人格标识给原告带来责任或诉讼风险的情形并不常见。

第三，丧失控制权的损害。虚假表示产生的混淆即使没有有害的联系或承担责任的风险也损害了原告对商誉的控制权。但控制权损害是任何虚假表示都会产生的结果，更不具有确定性。它也会使仿冒的损害要件过于宽泛，因此对人格标识控制权损害的救济不能通过仿冒实现。

第四，丧失许可机会的损害。上述三种损害在广义的商业（职业）或狭义的商业（辅助性商业）中均可能存在，丧失许可机会的损害只存在于狭义的辅助性商业中。若存在辅助性商业，原告可能会诉称其丧失了向被告要求许可使用费的机会。即使原告未曾商业利用其人格标识，也会诉称被告损害了其将来许可利用人格标识的潜在可能性，即可能的许可费用的丧失。在英国的 Irvine 案中法院承认了丧失许可使用费的损害，但这种观点有循环推理之嫌，因为只有当原告有权阻止他人擅自使用其人格标识时才有权要求许可使用费。这种阻止他人擅自使用的权利本身有赖于通过仿冒侵权制度或其他法律制度确立。

第五，因稀释造成的损害。稀释理论是商标法中的理论，是为了保护商标免于用在非竞争商品上，使商标在公众心中的标识性作用减弱，以保护商标的广告力和商业吸引力。稀释理论不以产生混淆为前提。Irvine 案将稀释作为仿冒的一种损害形式，但其合理性饱受质疑。虚假表示使公众产生混淆是仿冒的构成要件之一，损害也是因这种混淆而生。承认这种不以混淆为基础的损害形式实际上是对仿冒构成要件的颠覆。即使名人诉称擅自使用稀释了其人格标识的市场价值，但这种损害形式无法纳入仿冒规则。如果说许可费用的损失即使在没有直接销售损失的情况下仍可以成立，逻辑循环的诟病尚可通过辩称许可费的损失是损害计算方法而非损害本身予以规避，那么不以混淆为基础的稀释无论如何也难以成为仿冒规则下的损害形式。

综上，仿冒侵权已经扩张至可以涵盖部分人格标识利用案件，在传统三要件（商誉、虚假陈述和损害）被相当灵活地予以解释的情况下，以仿冒侵权解决人格标识商业利用问题仍存不足。即使商誉和虚假表示要件均能成立，损害的证明及其合理化依然是难以逾越的障碍。因为传统仿冒中以交易利益转移确定损害赔偿额的基本规则在人格标识利用案件中的适用牵强，其他损害形式又不同程度地难融于仿冒规则。若坚持修改仿冒侵权制度，以从根本上解决人格标识利用问题，那么仿冒侵权将成就一个相当宽泛的垄断性权利，并将对侵权法的基本理论造成巨大冲击。

第三节 盗用侵权制度在人格标识
商业利用中的适用

一、传统盗用侵权制度在人格标识商业利用中的适用

盗用侵权制度是防止盗用无形财产的制度，于 1918 年在美国确立，是美国州法律中不正当竞争法的一个分支。该制度保护联邦专利法或著作权法保护范围

以外的，或者是传统州、联邦竞争法保护范围以外的无形财产利益，如商标或商业秘密中的利益。盗用侵权制度具有一定开放性和不确定性并受到联邦知识产权优先性的限制，通常被认为是一种补充性法律制度。盗用侵权包括以下三个构成要件：其一，原告对被盗用的无形财产投入了时间、金钱。其二，被告使用这一无形财产而不支付对价或支付极少的对价，法院能认定被告的行为构成"不劳而获"。其三，原告因为被告的盗用行为遭受了损失。

在美国公开权确立之前，盗用侵权制度曾适用于人格标识商业利用问题，甚至有学者认为该制度是最类似于公开权的制度。但盗用制度没能完成解决人格标识利用问题的最终使命，也未能在此基础上发展出新的权利形式。最终是在隐私权基础上诞生了新型权利模式——公开权，确立了美国隐私权与公开权二元的解决模式。虽然公开权脱胎于隐私权，但盗用制度的一些规则对公开权的发展仍有所贡献。如著名的 Zaccini 案就借用了盗用制度的规则，该案是美国联邦法院承认公开权的首个判例，并将公开权的客体扩张至现场表演。

澳大利亚法院曾试图将传统盗用无形财产的制度用于人格标识商业利用案件，其基本观点是：将他人人格标识与自己产品联系起来的行为类似于将著名虚拟角色用于产品促销，侵犯了人格标识所有人的无形财产权。这与仿冒只保护商誉，不赋予人格标识任何权利不同，实际上是承认人格标识中的无形财产权。澳大利亚法院在适用盗用侵权制度的同时，又坚持虚假表示要件并对其做日益宽泛的解释。英国法院则通过许可性联系标准将仿冒侵权与盗用侵权严格区别开来，未给予盗用侵权制度适用于人格标识商业利用问题任何空间。盗用无形财产理论倾向于保护创造者的技术、努力和投资，但这些在知识产权法中已经能得到充分的保护，再加之人格标识中既包含财产利益也包含人格利益，传统盗用制度在人格标识商业利用问题上的作用空间相当有限，建立新型侵权模式的探索油然而生，如加拿大盗用人格标识侵权。

二、盗用人格标识侵权制度

盗用人格标识侵权最早由加拿大安大略省法院在 Krouse 案中提出来。法院认为原告的人格标识有助推产品销售的广告能力，蕴含着应受法律保护的财产权，这种财产权的保护可以通过仿冒侵权或通过赋予个人对其人格标识享有财产权实现。但该案的判决实际上既没有遵循与仿冒相关的判例，也否认姓名中存在财产权（姓名中的财产权和被用于广告的有价值的财产权之间是否有区分的必要尚无定论），而是通过对先例的整理归纳得出结论：普通法中已经形成了新型的盗用人格标识侵权。Krouse 案一方面提出盗用人格标识侵权的新概念，另一方面又坚持仿冒中的许可性联系要件。该案中的许可性联系究竟是对仿冒的回归还是判断盗用行为的参考因素，澳大利亚学者的评论观点不一。Athans 案中安大略省高级法院再一次使用盗用人格标识侵权的概念，但未曾采用许可性联系要件。法院明确表示原告对其肖像、姓名等人格标识之销售收益享有独占性财产权。未经同意商业利用侵害了这种独占性的财产权，损害赔偿的额度等于原告许可他人使用应得到的合理收入。该案中法院提出相当灵活的可识别性要件，即未经授权商业利用人格标识是构成盗用人格标识利用侵权的充分要件。某种意义上，Athans 案比美国公开权更开放，美国公开权侵权除要求有未经授权的商业利用行为外尚需公众能从该利用中识别出原告。

总体上，加拿大盗用人格标识侵权仍是一种相当虚无缥缈的诉因。在缺乏权威判例的情况下很难对这一概念的基础、范围和限制等问题加以确定。通过对现有判例的归纳性分析并与仿冒侵权比较研究，或许可以从以下几个基本面对这种新型侵权类型有所认识。

（一）盗用人格标识侵权制度保护的利益

仿冒侵权制度保护商誉中的财产权，盗用人格标识侵权制度保护人格标识中的财产权。仿冒以存在交易利益为前提。盗用人格标识侵权不以存在交易利益为前提，可宽泛地涵盖人格标识中具有可识别性价值的情形，但是否足以宽泛到囊括隐私、免除情感伤害等人格利益尚不确定。

（二）盗用人格标识侵权造成的损害

造成损害是构成仿冒侵权的基本要件之一。其损害限于实际经济利益的损害（若承认许可费用丧失的损害形式，损害可包含非实际经济利益的损害）。盗用人格标识侵权没有明确损害是否是侵权构成要件。关于盗用侵权造成的损害是否以财产利益损害为限，有以下三种不同的观点：第一，损害不是盗用人格标识侵权的构成要件，存在盗用行为即构成盗用人格标识侵权，财产利益和人格利益的损害均可予以救济，如 Athans 案；第二，实际经济利益损失是盗用人格标识侵权的基本构成要件，仅非经济利益损失不能产生侵权责任，如 Krouse 案；第三，前两种观点的折中，即损害是盗用人格标识侵权的基本构成要件，但应根据个案对损害做宽松解释，这种观点目前还缺乏权威的判例支撑。上述三种观点的根本分歧在于盗用人格标识侵权欲保护的利益范围是限于实际存在的经济利益，还是既包括经济利益也包括非经济利益。

（三）盗用行为的判断标准

仿冒侵权中被告的行为方式是虚假表示，行为结果是产生混淆性；盗用人格标识侵权中被告的行为即盗用他人人格标识。盗用即构成侵权势必有过度保护人格标识限制表达自由之嫌。加拿大法院曾试图通过区分公共利益与商业利益的政策性标准或可识别性标准（盗用人格标识必须能为公众识别出人格标识所有人时方构成侵权）以实现人格标识之利益与言论自由间的平衡。但均以个案考察为主，没有形成规则性的适用标准。

另须一提的是，人格标识商业利用侵害人格利益的情形在英美法系国家主要以隐私和名誉的保护来实现。以英国为例，虽然同为英美法系的代表，但没有如美国的隐私权制度，其人格利益的保护主要通过诽谤这一诉因，通过对名誉的保护得以实现。虽然隐私权是 Warren 和 Brandeis 在英国普通法判例基础上倡导创设的，但英国迄今为止仍不承认一般隐私权（a general right of privacy），主要理由如下：（1）现行侵权行为法足以提供合理保护；（2）隐私的概念及范围难以界定；（3）言论自由保护具有优先性；（4）可由媒体的自律解决隐私权的保护问题。英国侵权行为法由个别侵权行为构成，每个侵权行为各有其成立要件、抗辩事由、救济方法。实务上具有保护隐私功能的侵权行为包括：直接侵害（Trespass）、生活妨害（Nuisance）、恶意虚伪（Malicious falsehood）、违反信赖和保守秘密的侵权（Tort of breach of confidentiality）。英国法上隐私保护受英国法欧洲化的影响，其动力来自《欧洲人权公约》保护隐私权的规定。1950 年《欧洲人权公约》第 8 条规定个人的隐私受他人及国家的尊重。英国 1998 年制定的人权法第 6 条明确规定公务机关不得从事有违公约所规定的权利的行为。欧洲人权公约及英国人权法使得英国法院扩大解释使用违反信赖和保守秘密的侵权行为，逐步承认隐私权。欧洲人权公约与英国人权法为隐私权创设了一个有利的宪法环境，肯定隐私权为一种宪法上的权利。

就名誉保护而言，英国现今仍以判例法为保障名誉的法律基础，通过诽谤这一诉因实现。诽谤包括口头诽谤和书面诽谤。口头诽谤是以口头或其他非长久性方式作为诋毁他人名誉的虚伪陈述；书面诽谤是以书面、传播媒体或其他的永久保留之形式诋毁他人名誉。口头诽谤与书面诽谤在构成要件上也有所不同。口头诽谤必须具有特别损害发生，书面诽谤则无此要求。除构成刑事犯罪的情形外，均以金钱赔偿为救济方式。损害名誉的免责事由包括：所述事实真实（Truth of The Matter Published）；公正评论（Fair Comment），即对公益事务做出的意见表述；特权（Privileges），指法律特别赋予权利的为此行为的情形。侵害名誉的责任方式包括禁令和损害赔偿。禁令与排除妨害请求权相似，即由法院以命令禁止某人为特定之行为。名誉侵权之诉中禁令可分为禁止被告散布妨害名誉的行为和禁止被告继续散布已被陪审团认定为妨害名誉的内容。损害赔偿（财产损害赔偿）可以区分为三类：

第一，补偿性或实际损害赔偿。这类损害赔偿是针对妨害名誉行为所产生的实际损害而言，包括两种情形：一是，一般的损害赔偿。即原告名誉受侵害的情形属于"当然可诉"，法律上不需举例证明，直接推定原告在此情形均发生损害。二是，特别的损害赔偿。这是相对于一般的损害赔偿而言。特别损害不是必然发生，必须原告证明该损害之后才能请求赔偿。例如原告因被告的诽谤丧失工作，此为实际损害；若其兼职也丢失，则此一损害即为特别损害。其并非必然随着诽谤行为而产生，所以必须经原告特别请求与证明后才可一并主张特别损害之赔偿，且原告须证明妨害名誉行为与特别损害发生之间具有直接因果关系。另外，妨害名誉造成的损害应限定在可被合理预见或通常理解的范围内。

第二，惩罚性损害赔偿。被告恶意地侵害原告名誉的，应负惩罚性损害赔偿责任。所谓"恶意"是指被告的行为出于不当动机或被告明知传播事项为不实或轻率地不管其是否真实。美国在被告是新闻业者时，依据美国联邦最高法院创设的"宪法特权"，只有在媒体明知所传播事项不实或轻率不顾是否真实，才得请求惩罚性损害赔偿。英国法院也有类似美国宪法特权的限制，并且要求被告行为的目的是以侵害名誉行为获得利益。

第三，名义上的或象征性的损害赔偿。原告获得胜诉判决，但没能证明实际损害以至于无法判决赔偿原告实际损失时，法院仍给予原告象征性的微量数额的赔偿。英美法上因侵害名誉所受非财产上损害的金钱赔偿，只有在同时遭受了财产损失时才能一并主张，一旦成立，往往可以获得巨额赔偿。

第四节 《中华人民共和国反不正当竞争法》 在人格特征商业利用中的适用

根据《中华人民共和国反不正当竞争法》第二条的规定："……不正当竞争行为，是指经营者在生产经营活动中，违反本法规定，扰乱市场竞争秩序，损害其他经营者或者消费者的合法权益的行为。经营者，是指从事商品生产、经营或者提供服务（以下简称"商品"）的自然人、法人和非法人组织。"该法第六条列举了引人误解的混淆行为，为人格标识商业利用问题适用反不正当竞争法预留了解释的空间。该条规定："经营者不得实施下列混淆行为，引人误认为是他人商品或者与他人存在特定联系：（一）擅自使用与他人有一定影响的商品名称、包装、装潢等相同或者近似的标识；（二）擅自使用他人有一定影响的企业名称

（包括简称、字号等）、社会组织名称（包括简称等）、姓名（包括笔名、艺名、译名等）；（三）擅自使用他人有一定影响的域名主体部分、网站名称、网页等；（四）其他足以引人误认为是他人商品或者与他人存在特定联系的混淆行为。"其中，第（二）项和第（四）项常被用以认定擅自商业利用他人人格标识是引人误解的混淆行为。以反不正当竞争法为请求权基础，处理人格标识擅自商业利用纠纷的典型案例是姚某与武汉某体育用品有限公司侵犯人格权及不正当竞争纠纷上诉案。该案作为最高人民法院公报案例，十分具有代表意义。下文将围绕该案分析反不正当竞争法在人格标识商业利用中的具体解释与适用。

一、自然人与反不正当竞争法的调整对象

在姚某诉武汉某公司一案中，法院认为姚某属于受反不正当竞争法第二条保护的经营者，可以成为反不正当竞争法调整的主体。反不正当竞争法第二条规定："本法所称的不正当竞争，是指经营者违反本法规定，损害其他经营者的合法权益，扰乱社会经济秩序的行为。本法所称的经营者是指从事商品经营或者营利性服务（以下所称商品包括服务）的法人、其他经济组织和个人。"对于该法条的理解应结合该法的立法目的进行。该法第一条开宗明义："为保障社会主义市场经济健康发展，鼓励和保护公平竞争，制止不正当竞争行为，保护经营者和消费者的合法权益，制定本法。"因此，现行法律并未将经营者的范畴限定在传统意义上的商品经营者或营利性服务提供者上，反不正当竞争法的立法目的在于维护竞争秩序，即存在竞争的商业化市场都是该法调整范畴。现阶段，我国除了传统的商品流通市场外，还形成了文化市场、技术市场、广告市场等新兴市场。在这些市场关系中，竞争仍是市场自我调整的基本方式，这些市场主体的行为符合市场经营的一般条件，应当适用反不正当竞争法调整其竞争关系。对明星这一群体而言，个人姓名及肖像可以帮助商品树立产品形象，让人们通过对明星知名度、职业、形象、个性、品行的联想产生对某种品牌的美好印象。将商品与明星联系起来的作用是引起品牌形象联想、体现品牌个性、造成品牌识别、增加品牌权益的广告宣传方式之一。明星通过对商品进行品牌代言服务，将自己的肖像、姓名

授权给特定商品生产者作为商品广告宣传使用，将自身的形象与产品形成一定的联系，以自身的形象对消费者的心理产生影响，从而引导消费。明星的这种行为就是对其形象的经营，此时其个人的形象及影响力就是商品，明星形象的经济利益即产生于这种交换之中。作为广告市场的商品经营者，明星符合反不正当竞争法对竞争主体的要求。本案中，姚某是知名男子篮球运动员，为商品进行代言也是其获取经济收益方式之一，武汉某公司是专门从事生产销售运动服装、鞋类及球类产品的企业。上述主体在广告宣传市场中，能以自己的行为影响广告宣传市场的竞争结果，属于反不正当竞争法调整的主体。

二、擅自商业利用人格标识与不正当竞争行为构成要件

反不正当竞争模式首先承认擅自商业利用他人人格标识是构成侵权的，其次认为侵害的是财产权。这种财产权在仿冒侵权制度下被解释为商誉中的财产权，在盗用制度下被解释为应受保护的无形财产权或人格标识中的财产权。相较传统盗用制度下的"水土不服"以及在新型盗用制度下的缺乏系统建构，人格标识商业利用问题在仿冒侵权制度下虽限制重重却有丰厚的制度土壤，因此仿冒侵权制度依然是反不正当竞争模式下，解决人格标识商业利用问题的核心制度。反不正当竞争模式虽可以部分实现人格标识中财产利益的保护却无暇顾及非财产利益。即使是在财产利益的保护上，反不正当竞争模式也只能实现人格标识中财产利益的消极保护，对这种财产利益是否具有可转让性、可继承性等问题的探讨无从涉及。单就财产利益的消极保护而言，这种以仿冒侵权制度为核心的模式仍有其难以克服的缺憾：其一，主体片面性。任何自然人均享有人格标识免受他人未经同意商业利用之权利，并不以先前的商业利用为前提。但仿冒侵权以保护商誉中的财产利益为己任，商誉以存在交易利益为前提，普通自然人大多被排除在外。其二，客体上舍本逐末。人格标识商业利用的核心是人格标识可识别性产生的财产利益，但仿冒侵权保护的是商誉中的财产利益，不承认姓名、肖像等人格标识本身具有财产利益，有舍本逐末、隔靴搔痒之嫌。其三，保护范围狭窄。仿冒侵权

以许可性联系为虚假表示判断标准，将不具有许可性联系的非支持性利用排除在外。其四，损害要件适用困难。损害是仿冒侵权的基本构成要件，但传统仿冒中有害联系产生的损害在人格标识商业利用案件中过分牵强，其他可能在人格标识商业利用中出现的损害形式又难融于仿冒侵权制度。"一个法律制度、理念、价值的发展，开始之际，常采用间接、隐藏或权宜的方式"。但正是这些间接、隐藏或权宜的方式让我们一步步接近问题的核心。在人格标识利用问题上，相较公开权模式和一般人格权模式而言，反不正当竞争模式，只能算是一种权宜之计。这种权宜之计有助于我们带着清楚的问题意识，以承先启后的创设性判决，突破传统见解，最终解决人格标识商业利用带来的法律问题。

第五章 公开权模式

第一节 隐私权及其困境

19 世纪末期，美国逢工商业蓬勃发展，工业化都市生活死板、乏味，公众生活依赖报纸的信息，对上流社会充满好奇。《波士顿报》详细报道了沃伦（Warren）家宴会中令人不愉快的私事细节，于是沃伦邀请布兰代斯（Brandeis）共撰《论隐私权》一文。隐私权产生之前，美国法律不认可仅针对情感伤害的赔偿，感情伤害只有在确定法定伤害赔偿数额时才得以救济。诽谤法所确认的正当或不正当行为也是基于其物质属性而非精神属性。在文学和艺术产权法中，普通法有这样一个原则：任何人都有权决定在多大程度上与他人交流自己的思想、情绪和感情，未经同意，任何人无权以任何形式出版其作品。

一、隐私权的理论建构与司法适用

（一）隐私权的理论建构

隐私权概念的提出源于沃伦和布兰代斯在《哈佛法律评论》上发表的一篇颇具影响力的学术文章——《论隐私权》（The Right to Privacy）。《论隐私权》一文根据诽谤，包括口头诽谤和书面诽谤，以及著作权的判例，论证隐私权是一种应受保护的独处之权利（the right to be let alone）。侵害隐私权应承担侵权损害赔偿责任。沃伦和布兰代斯也对这一项新型权利的界限予以说明，认为隐私权不是绝对的，应受公共利益及本人同意等要素的限制。为了避免使他们提出的新型权利过于激进，沃伦和布兰代斯将这一权利论证为现有法律制度的延伸。他们认为许多先例都曾有意识地基于其他请求权基础，如违反诚实信用或普通法中的著作权，来保护思想情感表达的自由。思想情感表达自由正是他们欲通过法律直接保护的人格要素之一。

首先，沃伦和布兰代斯对著作权中防止手稿或艺术作品被他人出版的权利属性予以澄清，认为其是一种人格权。当作品的价值不是通过出版获得利益，而是避免任何出版可能性以获得精神宁静和放松时，不宜将其视为财产权。法律对信件或日记内容的保护，不是保护写信或记日记的智力行为，而是信件或日记内容所反映的事实本身。禁止发表是对通过文学或艺术媒介表达的思想、感情和情绪的保护，是实现个人具有普遍独处权的一个典型例子。因此，有权防止手稿或艺术作品被他人出版与通常意义上的财产权（可被占有的属性）不同，实质上是一种人格权。

其次，沃伦和布兰代斯以现行法律保护未出版著作的相关规定为突破点，论证隐私权存在的制度基础。在普通法中，作者有权决定是否公开其著作，可以基于劳动理论对著作公开产生之财产利益享有所有权。沃伦和布兰代斯认为著作权法律制度与其理论基础之间是脱节的。他们认为在未对智慧财产中劳动的性质给予任何界定的情况下，以劳动理论为著作财产权理论基础，对小说、喜剧等作品而言甚是合理，但对信件、日记而言却缺乏合理性。根据普通法判例，信件、日记等尽管只付出了"微不足道"的劳动，通常也受同等保护以免于其受未经授权的公开。若以是否付出劳动为标准判断能否得到法律保护，像信件、日记等只需"微不足道"的劳动成果也能免于未经同意的公开，商业或家庭关系中的自我表现就更应该受保护。因为在日记中写下崇高的情感远比过高尚的生活容易得多。又因为个人的行为、言语和社会关系是对人格的表达，法律也应该予以保护。但这种对一般独处权利的保护不是基于私有财产原则，而是基于对人格的保护。遗憾的是，沃伦和布兰代斯强行为这种新型权利甩掉旧外衣，却没有为这种新的诉因提供规范性基础。

再次，沃伦和布兰代斯进一步论证了隐私受保护的伦理基础。一方面，就日记类作品而言可能作者从不打算公开，但著作权保护之功能在于引导有价值作品的公开。根据这一理论，法律将鼓励个人日记和情感的公开，因为它们有益于传记作家和历史学者的工作。另一方面，除非作者能确信在其丧失对作品载体的实际控制之时，法律仍保护该作品不被未经其同意公开，否则他根本不敢再创作。基于以上两点，法律应该保护作者自主决定是否以及何时以何方式公开其作品的自主决定权。问题在于即使将未出版作品视为财产予以保护并不合理，也没有必要视人格理论为唯一可行的替代解决方案。即使人格理论是唯一可行的替代解决方案，这种人格利益也不应以"财产"保护的方式予以保护。欲证明人格利益保护之理论，著作权的保护必须首先确保作者享有自主决定是否公开的权利，在此基础上才是对其作品上财产价值的保护。确定自主公开权必须首先赋予作者对其未公开作品的排他性权利。

最后，沃伦和布兰代斯对隐私权的界限、抗辩事由和救济方式进行了分析。沃伦和布兰代斯认为个人有权保持个体私密以防止被呈现于公众之前，这是隐私权外延中最简单的情形。进一步从诽谤法、文学和艺术产权法中通过法律类推确定一般性规则以明晰隐私权的界限，隐私权的界限牵涉个人私生活的范围或者说在何种程度上个人的私生活不再是"私人的"，因此不受隐私权保护。下列情形不属于隐私权保护的范围：（1）涉及公众利益事项的公开不构成隐私权侵害。就公共利益的认定，除了用事实或行为本身的标准来区分事实或行为是公众的还是私人的之外，还有必要进一步考虑所涉及主体的身份，如议员。既然是否涉及公共利益还取决于所公开事实中所牵涉的人，就不能用现成的公式来划定这一界限，必须弹性地考虑个案中的不同情况。完全弹性的个案考量势必又将造成隐私权的不确定性，因此沃伦和布兰代斯还是给不宜被公开的属于隐私权范畴的事实做了这样一个界定：它们牵涉私人生活、习惯、行为及个人关系，与是否适合担任政府职位无关，也与公众或准公众身份下的任何行为无关。（2）传播已合法公开的私人信息不构成对隐私权的侵害。（3）以口头传播方式侵犯隐私但没有造成特别损失的行为，不构成对隐私权的侵犯。口头传播造成的伤害通常是暂时的，为了维护言论自由，法律不宜干涉过多。（4）对事实的陈述和经同意的公开不构成隐私权侵害。除此以外，下述两种情况不能构成隐私权侵权的抗辩事由：（1）被公开的事件具有真实性不能成为抗辩理由。隐私权救济的不是个人名誉上所受的伤害。（2）公开他人信息者不存在"恶意"不能成为抗辩理由。隐私权受侵害的救济方式从诽谤法、文学和艺术产权法中借鉴而来，包括侵权赔偿请求（没有实际损害也可以对受伤害的感情给予补偿）、发布禁令。

沃伦和布兰代斯虽然提出了隐私权的概念，但论证并不够充分。他们以传统财产权为基础对隐私权进行论证，却没有指出为何获利的可能性不能成为财产损害之诉的基础。司法实践中，财产损害之诉也保护将来获利的可能性。法院一般承认妨害商业关系的侵权之诉，这类诉讼保护的是将来获利的可能性。现代著作权法是为了保护将来获利的可能性。作者对原创性作品享有排他性权利，未经同意对原创作品可能衍生的具有市场价值的使用不是合理使用。隐私权理论的提出因为契合了社会需要，逐渐引起更多学理的研究和案例的讨论，最终得以成为区别于著作权的保护人格利益的制度。

（二）隐私权的司法适用

隐私权在普通法上确立的标志性案例是 Pavesich 案。该案中被告在其人寿保险广告中私自刊发原告（一名艺术家）的照片。广告中原告被描绘成身体健康之人，在其照片旁附有"投保吧，这个人已经投保了"的标语。原告以名誉和隐私受损为由，基于诽谤和隐私权受侵害提起诉讼。乔治亚州最高法院认为被告擅自公开原告照片的行为构成对原告隐私权的侵犯。广告中的虚假描述使人们认为原告为了推销被告的产品而撒谎，使原告名誉遭受损害，构成对原告的诽谤。该案为承认隐私权的首个判例，推理论证详尽、严密，被后来的判决广泛引用。下面重点分析以戈贝（Gobb）法官为代表的乔治亚州最高法院在首度承认隐私权时的论证路径。

该案中，戈贝法官认为虽然至今的确没有保护隐私权的先例，沃伦和布兰代斯以英国早期判例为基础将其理论建立在传统财产权理论基础上对隐私权的论证也缺乏合理性，但这些都不能成为否认隐私权的理由。他认为隐私权受保护的理论基础源于自然法和宪法对人的自由的保护。隐私权是每个人都享有的与生俱来的权利。每个人都有权选择过一种完全或部分与世隔绝的生活，可以选择在何时、何地，以何种方式将自己置于公众的视野下或抽身而出。这种权利是自由受尊重的权利。同时，戈贝法官也认为纽约州上诉法院在 Roberson 案中拒绝隐私权的做法过于保守，因为隐私权是"自然的直觉"就能证明存在的权利，不能被法院判决、法律历史和法学文章改变。戈贝法官对广告场合隐私权所做的总结，对理解人格标识商业利用案件中的精神利益保护至今仍颇有启发。他认为人格标识被擅自用于广告会使人产生自由被剥夺感。"知道自己的人格标识被用于广告，置于广告之下又很容易引起人们的注意，这会使他人觉得自己处于广告商的控制之下，意识到自己事实上已经成为一个无望获得自由的奴隶"。

Pavesich 案涉及人格标识商业利用，有两点值得进一步注意：其一，本案是首次有利于隐私权的判决，踏出了隐私权普通法保护的第一步。该案禁止未经同意使用他人人格标识于广告等商业用途的行为，认为这些行为将造成人格尊严受损及精神上痛苦。但本案所包含的实际上是商业利用人格标识案件中"免于商业利用"的权利，法院的论证也是基于这种未经同意被商业利用所带来的精神痛苦是否应该得到救济，与沃伦和布兰代斯将隐私权视为与尊严相关的、独处的权利的观点是相符的。后来的涉及人格标识商业利用的案件中，原告已经不再追求免遭商业利用的独处的权利，而是商业利用之后的经济价值赔偿。其二，人格标识商业利用案件中，造成社会评价降低、公众人格标识贬损等名誉损害的，构成诽谤侵权；未造成名誉损害的，原告仅仅主张免于未经同意商业利用的，构成隐私权侵权。普通法对人格标识商业利用中精神利益的保护由诽谤侵权和隐私权侵权共同救济。

（三）隐私权的侵权类型与抗辩事由

1960 年普罗瑟（Prosser）教授在《隐私权》（Privacy）一文中对大约 300 个先前案件进行分析，得出隐私权涉及四种不同利益，包含四种侵权类型的结论。

四种侵害隐私的行为各有其要件。普罗瑟教授是美国侵权行为法重述的主编。美国侵权行为法重述采纳了四种隐私权的分类，并为法院实务及学说所接受，构成美国隐私侵权的基本体系。该文无论对于隐私权还是公开权的发展均具有重要意义。其中，第四种侵权行为——为个人利益使用他人的姓名或肖像，更隐含着后来公开权的影子。

隐私权的四种侵权类型分别是：（1）侵扰型隐私侵权。侵扰型隐私侵权是指侵扰他人的隐居或独处或侵入他人的私人事物。典型事例，如未经许可开启他人信件、新闻记者未经同意拍摄他人私生活细节。（2）揭露型隐私侵权。揭露型隐私侵权是指揭露（disclosure）使人困扰的私生活于公众。这一类型与言论自由的界限最为模糊，如新闻报道使原告产生困扰的情形。（3）不实公开型隐私侵权。不实公开型隐私侵权是指公开不实（false light）的个人信息于公众。这类侵权与诽谤类似。（4）无权商业利用型隐私侵权。无权商业利用型隐私侵权是指为个人利益而商业使用他人姓名或肖像。有学者认为这四种侵权类型实际上只对应了三种利益，第一种类型对应心灵免遭痛苦的利益；第二和第三种类型对应名誉和声望衍生的利益；第四种类型对应人格标识上的财产利益。

隐私权侵权的抗辩事由，虽然有与诽谤类似的地方，但并不能完全援用诽谤中关于公众人物的理论和规则。诽谤案件中，媒体对涉及公众人物的报道可以使用真实性抗辩和真正恶意抗辩。但在隐私权案件中，除了第三种公开不实信息的类型外，其他类型所报道的都是真实事实，被报道的伤害也正是来自这种真实的报道，在隐私权侵权中真实性不能成为抗辩理由。商业利用案件中言论自由是最常用也是最难以判断的抗辩事由。隐私权、公开权与言论自由的利益平衡在很大程度上是重合的。本书仅在论述公开权的部分就言论自由这一抗辩事由的判断方式做详细说明。此处只分别简要地说明四种隐私侵权的抗辩事由。侵扰型隐私侵权因多出于故意且具有高度冒犯性，免责事由少。揭露型隐私侵权中，法院为了维护言论自由，一般将公开事实的真实性作为隐私权侵权抗辩事由。因此，这类侵权诉讼虽多但胜诉者少。不实公开型隐私侵权是为了保护个人人格标识不受公开地歪曲，不以具有诽谤性为必要，但须足以造成他人心理或精神的损害。所受限制同于诽谤侵权行为的限制，适用真实恶意规则，即原告必须证明被告明知报道不实或轻率不顾事实；无权商业利用型隐私侵权在胜诉率上超过其他三种隐私权侵害案件的总和。其保护范围扩张至个人的绰号、标语、衣服，使用酷似原告的模特儿，歌星模仿他人声音等。这类案件涉及个人肖像、姓名等的商业利用，具有财产性质，后发展出公开权。虽然美国法中的隐私权受广泛保护，但也颇多限制，主要是因为美国法院一般认为隐私权不如言论自由重要，此乃美国法的特色。

二、隐私权保护人格标识财产利益的困境

（一）早期判例的探索

Munden 案等涉及人格标识商业利用的案件中，法院借鉴沃伦和布兰代斯的论证方法，通过证明人格标识中财产利益的存在论证隐私权的存在。该法院在承认隐私权的基础上，又意识到人格标识中精神利益与财产利益的共生性。通过扩张隐私权的保护范围，希望通过隐私权理论实现人格标识商业利用中涉及的精神利益和财产利益的共同保护。

1. 以财产权论证隐私权的案例

Munden v.Harris 案中，被告未经同意以一名五岁孩童的肖像做广告。被告引 Roberson 案等判决为据，抗辩无任何财产受侵害。法院通过论证每个人均对其照片享有排他性财产权，以驳回被告的抗辩，最后实现原告隐私权的保护。该案也是密苏里州第一个承认隐私权的判决。Mackenzie v.Mineral Springs Co 案中，原告是知名内科医生，被告未经原告同意以其名义推广某药剂，法院以此种行为损害了原告专业信誉和执业收入并侵害了原告对其姓名的单独使用权为由判决被告败诉。Brown Chemical Co.v.Meyer 案中，联邦最高法院提出："一个人的姓名是其财产，权利人对姓名拥有与其他财产相同之使用权利。"上述三个案例是援引姓名上财产权的判决论证隐私权存在的代表，这种论证隐私权的路径与 Pavesich 案不同，实际上是沿用的沃伦和布兰代斯的论证方法。

2. 以隐私权保护人格标识财产利益的案例

Edison v.Edison Polyform Mfg.Co 案中，法院明确通过隐私权保护姓名和肖像上的经济价值。本案中原告为发明家爱迪生，被告未经原告同意在其公司名称和生产销售的止痛药名称上使用 Edison 一词，并在药品包装上附有爱迪生肖像。法院引用 Brown Chemical Co.v.Meyer 案中姓名为个人财产的观点，认为每个人特有的外貌都是其财产，其经济价值应由本人享有。原告没有请求情感损害，而是请求法院禁止被告使用其姓名和肖像。法院指出虽然公众人物和一般人的隐私权应有所区别，但财产权受侵害时衡平法应给予救济。

Uproar Co.v.N.B.C 案中，法院承认姓名上有财产权并认为该财产权可以转让与他人，使他人可以排除第三者使用该姓名。本案中法院论述道："知名广播员 Graham McNamee 的姓名经过该广播员及国家广播公司的努力已有相当价值，特别是对广告而言此项商业价值存在于广播员的职务之外。"法院认为该姓名上的财产权可以有效地转让给广播公司，据此该公司可以排除他人使用同一姓名。

Flake v.Greensboro News Co 案也以隐私权保护肖像中的财产价值。该案中原告身穿泳衣的照片在未征得其同意的情况下被用于减肥产品的广告。法院认为隐私权是一种财产权。利用名人代言宣传产品是现代流行的广告方式，如果一个人的姓名对广告事业是有价值的资产，那么个人的肖像也具有相同的价值。

Continental Optical Co.v.Reed 案中，被告未经原告同意在其广告中使用了原告的照片。原告主张被告侵害了其隐私权，因此剥夺了其人格标识的商业价值，请求特别损害赔偿。法院认定构成隐私权侵权，但对损害性质部分，法院没有采纳被告的抗辩——原告的损害应限于一般人所感受到的难堪、羞辱及精神痛苦。法院在判决理由中提出：在沃伦和布兰代斯的文章发表之前，法院就已经认识到保护个人照片免受擅自公开的必要性，这种擅自公开被归类为对个人就其肖像享有的某种自然著作权的侵害。若法院贯彻这种观点，被告就构成无权使用原告肖像之财产权，原告主张的特别损害应获得支持。但法院没能贯彻这一观点，而是以原告照片的底片属于军方而非原告本人且证据不足为由，认定原告获得的赔偿不得超过 1 000 美元。

综上，沃伦和布兰代斯的《论隐私权》一文为了建构隐私权借用了财产的概念，认为最广义的财产包含不受侵犯之人格并承认隐私权具有一定财产特性。因此在早期的人格标识利用案件中，法院大多通过证明人格标识上财产的存在论证隐私权的存在。在隐私权被确立之后，面对人格标识中财产利益的诉求，法院又反过来认为隐私权既保护精神利益也保护经济利益。在隐私权发展的早期阶段是能兼容人格标识上的精神利益与财产利益的，且不区分名人与非名人。但这种宽松的理解并没有为后来的判决所维持，随后法院逐步排除隐私权的财产面向并将焦点集中于情感的保护。如此一来，隐私权在名人姓名或肖像财产利益的保护上遇到了困境，为公开权的发展提供了契机。尽管沃伦和布兰代斯从未表示隐私权只保护情感利益，隐私权发展的早期判例中也有法院通过隐私权保护人格标识上之财产利益，但后来实务发展已经约定俗成地认为隐私权保护精神利益，并以精神损害为提起隐私权之诉的必要条件。将隐私权定性为保护精神利益的权利，成为隐私权不能胜任人格标识财产利益保护这一角色的根本原因。

（二）名人隐私让渡理论的限制

名人隐私让渡理论认为名人或公众人物放弃了其隐私，因为公众人物多半自愿追求知名度。一旦某个人成为公众人物，他的某些事务因具有新闻价值和公众知晓利益而不再属于隐私的范畴。代表性案例为 Sidis v.F-R Pub.Corp 和 Cohen v.Marx。名人隐私让渡理论实质上是涉及隐私与新闻自由的界限问题。让渡理论如同隐私权的发展一样并未在美国法院达成共识。沃伦和布兰代斯在其论述中就已经提到私人事务与公众利益之间的界限是极难划定的。一项事务究竟是公共事务还是私人事务并非取决于事实本身，而是与该事实所涉及之人的身份有关，但某些事务对所有人而言都属于隐私。

隐私放弃的程度上有绝对放弃说与限制适用说。只有少数法院采取绝对放弃说，即名人即使私生活也不受隐私权保护。大多数法院采取限制适用说，限制适用的情况有两种：一是以活动领域为标准对隐私权进行限制。认为名人在非职业生活领域享有隐私权，在职业领域对其人格标识的无权使用不构成隐私权侵害，代表性案例如 O'Brien 案。二是单纯成为名人的事实不足以影响其隐私权，但同意在特定观众面前表演并通过电视转播使其为不特定人观赏不构成隐私侵权。如参加公开拳击赛的拳击手不能以电视台未经其同意转播拳击赛为由主张隐私权侵权；在美式足球公开赛中场休息时间进行表演的原告，也被认为在现场观众面前的表演使其也放弃了对电视机前观众的隐私权。第二种情形中虽然原告是在职业领域的活动但同样被视为放弃了隐私权。因此，即使在采用限制适用说的情况下，名人隐私让渡理论仍使得隐私权无法解决人格标识擅自商业利用问题。更何况，名人究竟放弃了何种范围的隐私并非取决于当事人意思，是根据其名人身份由法院依个案裁决。

（三）冒犯性要件的限制

冒犯性要件即情感损害要件。冒犯性要件的认定采用客观标准，依照一般人的感觉确定，不考虑受害人本身的特殊情形。以下以 O'Brien 案为例进行说明。该案的原告是美国青年联盟的成员，该联盟主要诉求是让青年远离酒类。曾有啤酒或酒精类产品找原告代言，均被原告拒绝。被告在未经原告同意的情况下将其姓名和肖像用于啤酒销售月历上，对此原告感到难堪、羞辱。一审法院认为制造销售啤酒属于正当事业，一般民众饮用啤酒不会遭非议，因此将原告的照片与啤酒联系起来也不会带给原告耻辱和非议。第五巡回法院也赞同一审法院的观点，最终认定原告隐私权未受侵害。名人通常难以证明对其姓名或肖像的无权使用让其有羞辱或难堪之感，因为大多数商业广告都是将名人肖像予以美化。O'Brien 作为有名的足球运动员曾很活跃地寻求媒体关注，早已习惯以各种方式公开其人格标识，不会因为啤酒公司使用其照片遭受情感损害，因此原告的隐私权未受侵害。显然，法院认为情感伤害是一个非有即无的命题，不承认有这样一种可能性存在：O'Brien 的情感可能因被告对其人格标识的特定使用遭受损害。本案中简单化的推理路径不仅没有遭受批评反而受到推崇，成为隐私权不能救济名人人格标识商业利用的指导性案例，这种对隐私权的观点继续为学界和司法界所坚持。

（四）损害赔偿上的限制

隐私权侵权请求损害赔偿的前提是遭受了精神痛苦。在人格标识商业利用案件中即使法院不审查冒犯性要件，原告仍可能因隐私权的损害赔偿规则求偿无门。Gautier 案中，二审法院明确表示损害赔偿以精神痛苦、羞辱、心灵平静之干扰为基础。Miller v.Madison Square Garden 案中因为纽约民法第 51 条明文保护姓名及肖像不受商业目的的使用而无冒犯性要求，法院承认了隐私权侵权的成立。但由于原告无法证明受到精神损害，故法院仅判决名义性损害赔偿 6 美分。在同为纽约州案例的 Fisher v.Murray M.Rosenberg Inc 案中，作为专业舞者的原告以被告未经同意将其舞姿照片用于鞋子广告刊登于报纸上为由提起诉讼，法院虽根据纽约民法判决被告赔偿原告 300 美元，但是牵强地以原告情感损害为赔偿依据。法院认为原告只能请求情感损害赔偿，被告将原告照片与其鞋子联系起来对原告造成了羞辱。

（五）隐私权不可转让性的限制

普通法中众多判例均认为隐私权不具有可转让性。授权他人使用人格标识的约定只是放弃隐私权的声明，被授权人不具有对抗第三人的权利。被授权人获得授权后可以使用授权人的人格标识，但第三人无权使用这一人格标识，被授权人无法根据授权对第三人主张权利。同样也因为授权使用只是免责声明，授权人授权某厂商使用后仍可以再授权其他厂商使用，包括与前授权厂商有竞争关系者。即使可以订立专属授权契约明确约定授权人不得再授予其他厂商同一权利，但这种约定仅具有债的效力，并不能使授权人取得排他性地位。授权人重复授权的，其授权契约同样有效，只需要向专属被授权人承担违约责任。

在隐私权发展早期，法院亦曾试图通过对隐私权做适当扩张解释，以适用于人格标识之商业利用问题。但这一尝试不仅对人格标识上财产利益保护不足，而且造成隐私权内部的混乱，使隐私权的模糊性和不确定性加剧。这种困境在 O'Brien v.Pabst Sales Co 案中得到了充分的体现。一种不同于隐私权的保护人格标识中财产利益的新型权利呼之欲出。

第二节 公开权的产生与独立

一、公开权的产生

（一）公开权概念的提出

公开权（right of publicity）概念首见于1953年的Haelan Laboratories Inc.v.Topps Chewing Gum Inc案。该案中，原、被告双方都是口香糖生产商，原告公司与一群著名的棒球运动员签订了一份独占性使用运动员照片为其口香糖做广告的合同。被告在明知原告与棒球运动员之间有上述合同的情况下，故意诱使其中一部分棒球运动员再与自己签订口香糖代言合同，并从第三人（Russell Publishing）处取得了另一部分球员照片的使用权。该第三人曾和这些球员签订合同约定在商业广告中使用他们的照片。

法院认为被告与棒球选手缔约的行为属于引诱他人违约（induce breach of contract），应负侵权责任。但被告从第三人处取得照片使用权的行为如何定性是本案的关键。因为第三人与原告之间并没有合同关系，因此被告从第三人处获得照片使用权不构成引诱违约的侵权。如果以隐私权侵权判决，那么法院将面临隐私权不可转让性的障碍。原告与球员间的照片许可使用合同只是免责声明——原告对球员照片的使用不会因未经同意而违反纽约民法典第50条的规定。即使承认隐私权包含经济利益的保护，但限于隐私权的不可转让性，该合同也不会使球员的财产利益转让给原告，使原告取得对抗被告的权利。因此根据已有法律规则，原告并不能请求禁止被告使用其从第三人处获得的照片。但第二巡回法院的法官没有墨守成规——他们一方面遵从先例和纽约州民法的规定承认隐私权不具有可转让性，另一方面又创造性地提出本案所涉及肖像上的利益是具有可转让性的公开权。

第二巡回法院在论证公开权时引用了以下保护人格标识财产利益的先例来说明自己不是在凭空创造权利：案例一：Liebig's Extra of Meat Co.v.Liebig

Extra Co 案；案例二：Uproar Co.v.National Broadcasting Co 案；案例三：Wood v.Duff-Gordon 案；案例四：Square Garden v.Universal Pictures 案。案例一中的核心观点是："Liebig"这一名字的排他性许可使用可以阻止他人在具有竞争关系的产品中再使用这一名字。但这个结论所依据的究竟是排他性许可合同还是商号侵权不甚明确。案例二中，法官认为广播公司通过和播音员签订排他性合同获得了播音员名字上的财产权。该案与 Helen 案的不同之处在于法官论证名字上的财产权是基于这样的事实：广播公司在播音员身上花费了时间和金钱才使得其名字获得了良好声誉，这种声誉不应该被第三人窃取。案例三中，法官对许可使用姓名合同中约定的排他性给予了肯定。案例四中，法院根据应当给予具有金钱上价值的"权利"和"财产"以同等的法律保护这一普通法规则，认为原告对其人格标识享有财产权。这一原则也成为 Helen 案的论证基础之一。根据以上保护姓名中财产利益的案例和普通法原则，弗兰克（Frank）法官认为许多知名人士并不会因其姓名或肖像被无权使用遭受感情上的伤害，但会因没有从该利用中获得经济利益而痛苦。弗兰克法官提出公开权是保护个人人格标识免受未经授权的商业利用，并保护经授权的独占性使用的权利。弗兰克法官认为自己并非在创造新的法律理论，只是对既有保护人格标识上财产利益的实践成果的整理，再将这种利益从隐私权中独立出来，并承认其可转让性。

弗兰克法官虽然赋予公开权可转让性，但并没有明确指出公开权在性质上是否属于财产权。普罗瑟（Prosser）教授认为 Helen 案只是承认第三人的排他性许可，不是一种新型的、独立的权利的诞生。但另有一些学者，如 Grodin，却充分肯定该案的重要性。他认为该案认识到了先前判例对经济利益和隐私利益的混淆。他强烈要求法院遵循 Helen 案的指导性判例，分别用两种规则保护经济利益和隐私利益。隐私权用以禁止未经同意擅自闯入私人生活的行为，公开权用以禁止未经同意擅自利用他人人格标识于商业目的，且不予经济补偿的行为。

本案创造性地提出公开权概念实际上就是为了解决人格标识上财产利益的可转让性问题。将人格标识财产利益从隐私权独立出来的目的，也是为了实现其可转让性。无论学者如何争论，可转让性的承认对公开权的产生具有举足轻重的作用。佐治亚最高法院在 Martin Luther 案中表示，"如果不能转让，要对姓名或肖像为完全之商业利用是不可能的……如果不能转让，公开权称不上是一个'权利'"。借由可转让性，公开权被认为是一项财产权，被赋予传统财产权的其他特征。可转让性使公开权褪去侵权救济的色彩成为一个当事人得以处分的权利。

（二）公开权的理论建构

公开权理论建构上具有开创性意义的文章首推尼莫（Nimmer）教授撰写的《公开权》（Right of Pubulicity）一文。该文首次对公开权的基本理论架构进行了总结和梳理。其核心观点是：强调隐私权的不足，主张承认公开权之独立性。该文开宗明义地从社会背景角度阐释了建构新型的公开权理论的必要性。尼莫认为自沃伦和布兰代斯于 1890 年发表《隐私权》一文后至 1954 年，因社会、经济和科技等因素的变迁，个人已产生了新的规范需求。1954 年百老汇和好莱坞的需求与 1890 年 Beacon 街上的需求已有很大的不同。好莱坞的明星们相较独处之权利，更关心的是个人人格标识的公开价值。他们不愿意在未取得任何报酬的情况下使其姓名、照片或肖像被复制或公开。随着传媒、广告、科技等的发展，名人姓名、肖像等带有极高的财产价值，这种价值常常成为争议的核心。但既有法律制度，如隐私权和不正当竞争法律制度，不足以为此等财产价值争议提供令人信服的解决路径，故有创设公开权的必要。

随后，尼莫以大量的篇幅围绕公开权的定义、性质、内容、理论基础等基本理论问题做了论述。尼莫将公开权定义为任何人得控制其人格标识免受未经同意商业利用的权利。公开权的性质为财产权，具有可转让性，可由受让人行使。因此隐私权中的冒犯性要件和让渡理论均不适用于公开权。损害的确定以被使用的姓名或肖像的市场价值为基准。公开权的主体既包括自然人（不做名人和非名人的区分），也包括动物、无生命之物以及营业或其他机构，即一切因公开而具有经济价值者均受公开权保护。公开权的保护内容不仅包括姓名、肖像，也包括现场表演。公开权的理论基础即在于：一个人公开价值的产生通常是其花费相当实践、努力、技巧，甚至金钱的结果。美国法学的首要原则是除非有更重要的公共政策考量，每个人都对其劳动成果享有权利。在尼莫公开权基本理论构建的基础上，随着案例的积累和理论研究的推进，公开权逐渐从隐私权分离出来。到目前公开权理论已相当丰富成熟。

二、公开权的独立

追溯公开权的历史，一般以 1953 年 Helen 案为公开权诞生的标志，以 1954 年尼莫的《公开权》一文为公开权理论雏形的开端。但在整个 20 世纪 50 年代，法院对公开权仍持怀疑态度。即使是号称公开权工程师的尼莫所代理的公开权案件也难逃败诉的命运。任何新兴权利欲在普通法生根都有赖于判决的累积。直至 1960 年代，公开权仍远未成熟。此时隐私权的发展已历经数十载，但因其内涵庞杂、富流动性且不易掌握，隐私权究竟是保护何种利益也没有定论。特别是涉及擅自商业利用他人姓名或人格标识的案件时，有的法院将财产利益纳入隐私权予以保护，有的则将隐私权的保护范围限于精神利益。将人格标识商业利用问题纳入隐私权体系时，除了如上所述的对人格标识之经济利益的救济不足外，也造成隐私权概念的内在矛盾。公开权与隐私权分道扬镳渐成主流，这种分道扬镳使二者的概念和范围都更加清晰起来。

普罗瑟（Prosser）是将人格标识商业利用之财产利益和人格利益均纳入隐私权体系的典型代表。他于《隐私权》一文中将隐私权分为四种类型，第四种类型即为自己利益而使用他人姓名或肖像（无权商业利用型）。虽然该文撰于公开权诞生之后，但仍将无权商业利用他人姓名或肖像的行为视为隐私权侵害。他认为第四种类型明显不同于其他三种隐私权侵权类型，该种类型中所保护的是财产利益。但普罗瑟同时也回避无权使用是否构成一项财产权侵权的问题，认为这一问题没有意义。他认为即使商业利用涉及的利益不属于财产权，只要受法律保护，至少当事人可以借由授权获取经济利益。普罗瑟将无权商业利用置于隐私权之下，在判例发展中所面临的问题主要体现在损害赔偿、可转让性、死后保护三个方面。损害赔偿方面，虽然普罗瑟认为无权使用既保护精神利益也保护财产利益，但在实务上法院受制于隐私权是不受干扰之权利的定义，以及将隐私权限于精神利益保护的先例的羁绊，基本上都排除财产上损害之赔偿。在可转让性的问题上，普罗瑟一方面认为 Helen 案所创的公开权是专属性授权，使被授权人得禁止第三人对姓名和肖像的使用。另一方面又在论及四种隐私权侵权类型的共同特征时强调不可转让性。因此该文对转让性问题的态度并不明晰。就死后保护而言，普罗瑟明确表示隐私权具有人身专属性，除少数州法有规定外，隐私权随着个人的死亡消灭，不延伸到其他家族成员。

第二次侵权行为法重述采纳了普罗瑟《隐私权》一文中的隐私权体系，但对无权使用类型更倾向于将其认定为财产权。以下仍旧从损害赔偿、可转让性、死后保护三个方面予以说明。在损害赔偿问题上，第二次侵权法重述没有区分财产利益和精神利益，认为无权使用所保护的利益是个人对其人格标识的专属使用。虽然精神痛苦是承认无权使用类型的重要因素，但此处所创设的是财产权，原告得请求使用其姓名或肖像之费用。在可转让性问题上，第二次侵权行为法重述没有明确承认可转让性，只是重复声明专属授权之被授权人得自行提起诉讼保护其权利。在死后保护问题上，第二次侵权行为法重述遵循隐私权不得继承之原则，但以姓名或肖像的无权使用为例外。按第二次侵权行为法重述的规定，姓名或肖像的无权使用类似财产权的侵害，构成不当得利。

公开权与隐私权彻底分道扬镳，归功于以欲救济之损害界定权利性质的研究方法。这一研究方法的代表之作是戈登（Gordon）于 1960 年发表的文章。本书首先将隐私与人格利益做了区分。他认为人格利益内涵极广，不应全部置于隐私之下，即隐私只是人格利益之一种。其次作者再论述姓名、肖像的商业利用不应置于隐私权之下，应另寻财产权加以保护。在此基础上戈登致力于隐私与姓名、肖像的区分，认为前者为非财产权保护的利益，后者为财产权保护。从隐私权半个多世纪的发展来看，一方面隐私权虽以广义的财产权为出发点，但后来的发展已使之成为独立于财产权的精神性权利；另一方面，多数人格标识商业利用案件的原告都以隐私侵害为诉讼理由起诉。这便是引起诸多判决之间混乱及冲突的原因。据戈登考察，在人格标识商业利用案件中，当原告未主张隐私权及情感损害而主张财产损害时往往能顺利获得救济。戈登假设：如果 Roberson 案中的原告以被告商业利用了其肖像上的财产权为理由提起诉讼，而非主张情感损害，或许将有不同的结果。因此，戈登认为姓名或肖像上的财产权得为转让，以之区别于隐私权。可转让性的承认不仅成为公开权与隐私权之重要区别所在，更使损害赔偿额的计算和可继承性问题迎刃而解。擅自商业利用他人人格标识的损害赔偿额，依照商业利用人格标识在被告获利中所占的比例计算。人格标识上的财产权在其死后作为遗产继承，不进入公共领域。

随着公开权案件的激增，面对人格标识上财产利益在传统隐私权规则下的困境，越来越多的法院采取这种以欲救济之损害来界定权利性质的方法，将公开权界定为一种独立于隐私权的财产权。与其说是因为公开权是一种财产权所以具有可转让性、可继承性等特征，不如说是为了赋予人格标识上财产利益可转让性和可继承性而将之贴上财产权的标签。这体现了英美法中实用主义的精神，也是普通法较之大陆法在遇到新的法律问题时更具灵活性的体现。

Zacchini 案是美国联邦法院承认公开权的首个判例。该案中法官多次使用公开权一词，却绝口不提该权利是否以及为何得以承认等问题，似乎公开权已经是一个为普通法所确认的法律原则。联邦最高法院承认了公开权，并对侵犯隐私权和侵犯公开权的行为做了明确区分：隐私权保护的利益是尊严利益，公开权保护的是存在于人格中的财产利益。进入 1980 年代以后公开权已经得到了普遍的承认，法院和学者开始尝试修饰其外延，明确公开权与言论自由的界限等问题。

第三节 公开权的性质与要素

公开权是每个人生而享有的、决定其人格标识商业利用的权利。公开权是一种财产权。公开权因其法律构造内容类似于著作权或商标权，也被认为是一种智慧财产权。其立法目的在于保护人格标识之财产利益。

一、公开权的权利性质

美国各州基本达成共识，认为公开权是一种财产权。界定公开权为一种财产权的意义在于：公开权具有内在的可转让价值并且可以继承。

（一）公开权的可转让性

公开权的财产权性质即意味着公开权具有可转让性，实现方式包括转让和许可。公开权的转让是指权利人将公开权之所有权让与受让人。转让人受转让协议约束，不得对已转让权利进行有害于受让人之商业利用。转让协议是双方当事人就人格标识之商业利用所达成的一致意见。被转让人有权制止第三人之擅自利用。公开权之许可使用是有限地许可他人使用公开权而所有权不转移的一种权利移转方式。双方当事人可以约定许可使用之人格标识的具体内容，使用时间、方式、范围以及产品种类。被许可者超出约定范围对公开权的使用构成对公开权的侵犯。许可方式包括独占性许可与非独占性许可。独占性许可是指许可者明确承诺将不再许可给被许可者之权利另行许可他人使用。许可者可以同时向多个人做出独占性许可，只要对每个独占性许可规定明确的范围且相互间不冲突。非独占性许可则是指许可人可将相似权利再许可他人使用。许可使用中不涉及所有权的转移，被许可人不享有对抗第三人擅自使用的权利。排他性许可使用中被许可人享有排除其擅自使用之权利。早在 Helen 案中，法院就确定了公开权的受让人有权起诉他人之擅自利用的规则。该案法院认为原告作为排他性许可使用之被许可人，有权制止被告之擅自利用。

（二）公开权的继承性

关于公开权是否具有可继承性的问题，在美国学术界引起了广泛的讨论，有关公开权继承的诉讼案例也很多。公开权是否随着自然人主体资格的消灭而消灭，美国各州的态度大不相同。有些州将公开权的死后保护限于当事人生前曾主张过公开权的情形。另一些州认为公开权随着自然人的死亡而消灭。但大部分法院根据州法律认为，公开权作为一种财产权具有可继承性。其中十个州已在制定法中对公开权之可继承性予以承认，四个州通过普通法予以承认且都不以生前曾商业利用为前提条件。公开权的死后保护期限，各州均有限制，从死后 20 年到死后 100 年不等。死后保护期限的限制主要是基于公共利益考虑，一方面公民的人格标志是历史和民族文化的一部分；另一方面对死后保护期限的限制有助于实现商业行为之可预见性。

二、公开权的权利主体

公开权的主体即受公开权保护之自然人。享有公开权者，在积极方面有权开发利用此权利，在消极方面有权保护该权利免受未经授权之商业利用。虽然此前美国曾有人讨论是否将公开权主体扩展至非自然人，如动物、无生命客体或非身体组织（如公司、团体）。但就目前来看大部分州都只承认自然人为公开权主体。

公开权的主体是自然人且包括一切自然人在内，并不只限于名人，也不以曾商业利用人格标识为前提条件。这是目前美国实务和理论界的通说。虽然在大多数情况下名人更容易成为公开权侵权的对象，但这只能说明名人之公开权具有更高的商业价值，并不能以此作为否认非名人享有公开权的理由。商业利用非名人人格标识本身也足以证明该人格标识具有财产价值。知名度不是公开权的成立要件，只是确定损害赔偿数额时的考量因素。公开权是个人对其人格标识为支配的权利，人人皆可享有。由此，每个自然人都与生俱来地享有其人格标识上的经济利益。

三、公开权的权利客体

公开权的客体即人格标识。受公开权保护的人格标识，随着普通法案例的发展不断扩张。在以洛克劳动理论为指导将公开权界定为知识财产权的背景下，法院判断是否侵害公开权的标准也经历了从可识别性（identibility）到可联想性（associative）的发展。公开权保护之人格标识是通过一个个案例逐渐形成的，在不同的州以及在普通法和制定法之间，都存在差异。以下将通过普通法上的典型案例，展示公开权客体之发展、范围及趋势。

（一）肖像

Ali v.Playgirl,Inc 案是确立肖像作为公开权的权利客体的典型案例。该案原告 Ali 是全美重量级拳王，被告是一家杂志社。该杂志社在其发行的杂志中刊登了一幅画，描绘一裸体男性黑人坐在拳击场一角板凳上，双手缠绕绷带，手臂靠在两边的绳索上。在图画的旁边还附上一行字"the greatest"，这是 Ali 通常称呼自己的用语。Ali 起诉被告侵犯公开权。法院在审理后认定尽管被告在图画的下面还写上了"神秘的人"，但细节表明图画中的裸体黑人男性就是拳王阿里。法院在判决中还指出画面中人物的脸部细节，如"颧骨、宽阔的鼻子和棕黑色的眼睛以及独特的微笑和卷曲的黑头发"，都是公认的阿里的特征。本案的意义在于，确定肖像为公开权的保护对象，并对肖像做广义解释。人的肖像不仅包括脸部特征，还包括人的其他身体特征，如形体特征、侧影或背影等等。未经许可使用的肖像可以是照片、画像，还可以是与名人酷似的肖像。

（二）姓名

Hirsch v.S.C.Johnson & Sons,Inc 案是确定姓名为公开权权利客体的典型案例。原告是一名职业美式足球明星，其独特的奔跑方式使他有一个"Crazy legs"的绰号。被告将此绰号用于其生产的女性脱毛剂上，并在促销广告的背景音乐中出现"Crazy legs"的欢呼声，就像球迷在比赛中为 Hirsch 欢呼一样。原告提起诉讼，请求赔偿经济损失。威斯康星州上诉法院最后裁定被告侵害了原告的公开权。法院认为虽然被告使用的是原告的绰号并非其真实姓名，但这并不妨碍原告提起诉讼，关键在于本案对原告绰号的使用足以使人很清楚地联想到原告本人。本案的意义在于，明确姓名为公开权的保护对象，同时指出公开权对姓名的保护并不限于真实姓名，还包括绰号。

（三）声音

Midler v.Ford Motor Co 案是确定声音为公开权权利客体的典型案例。本案原告是著名女高音，其拒绝为被告所拍摄之广告演唱。后来，被告找了原告的合音员，并模仿原告声音演唱原告之著名歌曲《Do you want to dance》。原告以公开权受侵害为由起诉至法院。第九巡回法院认为声音如同本人面孔一样具有可识别性，本案被告盗用原告声音特征之行为是对原告公开权的侵害。本案的意义在于，确定声音为具有识别性之个人人格标识，属于公开权的权利客体。

（四）与个人具有联想关系的物品

Motschenbacher v.R.J.Reynolds Tobacco Co 是确定可联想到个人的物品为公开权权利客体的典型案例。原告是一位著名的国际赛车手，被告是一家烟草公司。被告拍摄了一条关于香烟的电视广告片，使用了原告正在驾驶赛车的照片。虽然在照片中原告的面部特征不太清楚，但是拍摄照片时原告确实是在车中。此外，原告的赛车也具有独特的装饰风格，明显不同于其他车手的赛车。尽管被告对赛车做了一些轻微的改变，原告的"肖像"在画面中也难以辨认，第九巡回上诉法院还是裁定：依据加州法律，公开权的保护及于原告的赛车，因为该赛车是指示原告身份特征的要素之一。由此案可知，某种物品因与可识别之个别人有特殊关系，也受公开权保护。

公开权的产生与发展主要见诸普通法，没有统一的联邦立法。各州制定法对公开权的保护范围、死后保护甚至权利性质方面都有诸多不同。如加州民法规定的保护对象包括：姓名、声音、签名、照片、肖像，死后保护期限为 70 年。田纳西州规定的公开权保护对象包括姓名和肖像，死后保护期限为 10 年。纽约州成文法规定的保护对象包括姓名和肖像，但对死后是否予以保护未做规定。

第四节 公开权侵权救济规则

美国普通法中符合侵权责任成立要件的案件，被称为初步证明的案件（prima facie case）或不证自明的案件，必须具备两个要件：（1）权利中有明显利益存在；（2）这一权利受到了侵害。具体到公开权，初步证明的公开权侵权案件在以隐私权为基础的司法管辖区和以不正当竞争法重述为基础的司法管辖区有所不同。

在以隐私权侵权为基础处理人格标识商业利用问题的司法管辖区，公开权侵权责任构成要件包括：（1）被告是使用了原告的人格标识；（2）利用人格标识是为了被告的商业利益；（3）被告未获得原告的同意；（4）原告遭受了损害。以隐私权侵权为基础处理人格标识商业利用问题的司法管辖区包括：阿肯色州、亚拉巴马州、纽约州、夏威夷州、路易斯安那州、科罗拉多州、佛罗里达州、缅因州、密西西比州、俄亥俄州。在以反不正当竞争法重述为依据的司法管辖区，公开权侵权责任构成要件包括：（1）被告在未经许可的情况下，以能使原告在被告的使用中被辨认出来的方式使用了原告的人格标识；（2）被告的使用可能损害原告的商业价值。以反不正当竞争法重述为依据的司法管辖区包括：亚利桑那州、加利福尼亚州、康涅狄格州、佐治亚州、伊利诺伊州、肯塔基州、密歇根州、明尼苏达州、密苏里州、新泽西州、得克萨斯州、犹他州、威斯康星州、宾夕法尼亚州。二者对公开权侵权构成要件要求的不同之处在于：其一，反不正当竞争法重述排除被告获得了商业利益这一要件。因为商业利用他人人格标识的目的即获得商业利益，具体是通过媒体对名人的报道吸引读者或消费者以实现商业利益。其二，反不正当竞争法基础上，公开权侵权构成要件中的"损害"是给个人商业价值造成的损害，利用人格标识造成的"损害"究竟是经济上的还是精神上的损害不明确。下文将整体上对公开权侵权各要件及其确立标准进行逐一梳理。

一、公开权侵权责任构成要件

（一）使用他人的人格标识

被告使用了原告人格标识包括以下三方面的内容：

第一，被告而非第三人未经同意使用了原告的人格标识。如果是第三人未经同意使用的原告人格标识，被告将不承担责任。

第二，使用的是"原告的人格标识"。证明使用的"原告的人格标识"核心在于，原告能从被告的利用中被识别出来。确定被告使用的人格标识中能否辨认出原告是事实认定的问题。可识别性是常用的判断标准，但鲜有案例对可识别性予以界定。反不正当竞争法和一些法院对可识别性的要件进行细微考察，即要求原告证明在被告的使用中能被大部分人识别出来。如，Helen 案中法院认为 15% 的人能识别出原告，即足以认定原告在被告的使用中具有可识别性。Cohen 案中因为原告的丈夫能从一张裸照中识别出原告，因此判定照片的使用具有可识别性。也有判例认为只有熟悉原告的朋友和家人能够从照片中识别出原告的，不具有可识别性。306 个电脑游戏使用者中只有 6% 的使用者能认出原告的，认定原告不具有可识别性。

第三，人格标识的具体范围。在确定是否属于人格标识时必须与可识别性联系起来考虑。实践中较具有争议的人格标识有以下几种：（1）姓名和自传信息。使用他人的姓名和自传信息是否侵害了公开权，关键是判断人格标识权利人能否从使用中被大多数人识别出来。仅使用名字通常不足以满足可识别性要件，但使用名人独一无二的名字则具有可识别性。（2）身体特征。身体特征包括个人的外观、为公众熟知的主观要素或风格、癖好。（3）提到某人。提到某人又包括三种情形：第一种情形是使用能被识别的绰号，如 Ali 案中的"The Greatest"，Hirsch 案中的"Crazy legs"。第二种情形是使用在电视秀或电影中的角色。自然人在电影、喜剧或电视节目中的角色不等同于其人格标识，但当某个角色"与演员的公众人格标识不可分"时，该角色就变成了演员人格标识的一部分并享有公开权。判断方法是：如果被告的使用能让人首先识别出演员而不是演员所演的角色，那么演员的人格标识就被使用了。第三种情形是使用了为众人所知的口号、签名、滑稽动作或癖好。（4）面貌酷似的人、声音和其他模仿。如模仿唱歌的声音侵犯了公开权。在模仿声音的问题上，法院用了很长时间才承认声音能识别出某人。

（二）以获得商业利益为目的

商业利用人格标识即为了商业利益而使用他人的人格标识。这一要件是区分公开权、隐私权之利用侵权类型与其他类型隐私权的要素。广告中一定存在某种商业利益，否则被告不会选择使用该人格标识。被告获得的商业利益就是在广告中使用原告的人格标识而不支付对价。商业广告是为了吸引他人的注意，使用人格标识和如何设计商业广告都是为了吸引观众的注意。"为了商业利益"的判断方法在各州法院有所不同。密苏里普通法院即使没有暗示授权或支持，为了商业利益使用他人人格标识就构成公开权侵权的诉因。加州法律承认从个人人格标识的商业价值中获利是公开权的一部分。新泽西州法律判断公开权案件中商业目的的标准是人格标识的利用是否与商业性项目相连。密苏里高级法院对这一问题采用开放的态度。在 Doe 案中，法院认为被告必须具有追求商业利益的故意。因此偶然地使用和故意使用所产生的结果是不同的。佛罗里达州高级法院认为只有直接注销产品的广告才具有"商业目的"。

（三）未获得他人同意

是否经同意是比较容易判断的，具体包括以下几种情形：（1）违反约定期限或形式。一般许可协议都规定使用的期限和形式，超出期限或违反约定形式的使用也即未经同意的使用。Helen 案中考察了许可协议是否已届期的问题。（2）法定监护人的同意。法定监护人代表未成年人所做的同意，对未成年人具有拘束力。（3）使用人对是否获得同意存在误解或使用存在过错的情形。被告在是否获得原告同意的理解上有误解的，不影响公开权侵权的成立。如果被告在使用上有过错，这种过错也不影响责任成立，只减轻损害赔偿。

（四）因商业利用造成了损害

公开权侵权要件的成立无须证明实际的损害，在其他构成要件均成立的情况下，只需证明可能造成损害。但是，原告要求对损害进行经济补偿时，必须证明经济损害的存在和大小。损害不是公开权侵权行为的成立要件，是侵权损害赔偿责任的成立要件。丧失控制其人格标识的权利就会产生损害，即使没有经济损害产生，原告有权要求颁发禁止令禁止被告未经同意的使用。

值得注意的是：在公开权侵权构成要件中，故意和损害一样均不是侵权成立要件之一，原告无须证明被告是否具有故意的主观心态。在被告以不具有主观故意为抗辩时，法院可以在确定损害赔偿额时适当考虑。Flake 案中被告过失地出版了原告的照片并对此公开道歉，道歉和过失都成了法院减轻被告损害赔偿额度的考虑因素，但不影响侵权的成立。公开权侵权案件中也不适用联邦著作权法优先于州著作权适用的规则，因为公开权保护的人格标识不属于联邦著作权法保护的客体。

二、公开权侵权抗辩事由

在原告提起初步证明的案件诉讼后，被告通常有以下抗辩途径：（1）被告可以对初步证明案件的各要素进行驳斥；（2）诉讼时效届满；（3）优先适用联邦法律。具体到公开权而言，常被适用的抗辩事由如下。

（一）同意

公开权的权利人可以同意将其人格标识用于商业利用，在同意的范围内商业利用人格标识不属于侵犯公开权的行为。同意的方式可以是明示，如转让协议、许可协议等，也可以通过其行为推定。同意的内容应明确人格标识商业利用使用的产品、媒体、使用期限、地域等。对是否获得原告同意的理解上，被告是否有误解不受影响。但是同意拍照并不意味着同意将其肖像用于商业利用。如某人在某一公共事件中被拍到，将其肖像用于新闻报道是被默许的，但若将其肖像用于商业利用则不能如此推定。

（二）公开权存续期间届满

在美国公开权存续期间的限制，因各州对公开权是否具有可继承性的态度不同而有所不同。不承认公开权具有可继承性者，认为公开权从自然人死亡时终止，承认公开权有继承性者认为公开权的死后存续期间也差别甚大。

（三）属于言论自由的范畴

公开权自产生以来就伴随着如何平衡与宪法第一修正条款之间的关系。普通法和制定法都明确承认宪法第一修正条款是公开权侵权之抗辩事由。加州民法典第3344条和第900条规定："与新闻、公共事务、体育广播或报道、政治活动相关联"而使用他人的身份，属于人格标识权的例外。"加州民法典第3344条和第900条还规定："媒体的所有人或雇员，对媒体上登载的侵犯他人人格标识权的广告，不承担侵权责任，除非有关媒体的所有人或雇员知道广告中对于他人身份的使用是未经许可的使用。"纽约州民法没有明确而具体的关于公开权例外的规定。但纽约州的法院包括设立在纽约州的联邦法院通过解释制定法中的某些规定，具体肯定了言论自由对公开权的限制。纽约州民法第51条规定："任何人不得为了广告的目的或为了商业的目的，未经许可而使用他人的身份。"法院将这条解释为非商业目的则可免责。问题的关键是如何确定二者的界限，在具体案件中如何认定是否属于新闻自由的范畴。

理论上，Mc Carthy教授通过将人格标识的使用类型化为传播使用和商业性使用的方法区别言论自由受保护的程度。传播性使用是指对于他人人格标识的使用是为了传播信息。如，未经许可使用他人的姓名或肖像是为了说明报纸上或杂志上的一篇报道，或者是为了说明某一条电视新闻。传播性使用中言论自由优先于公开权受保护。商业性使用是指对于他人身份的使用虽然也有传达信息的意味，但主要是商业性目的。例如，未经许可而将他人的姓名或肖像使用于咖啡杯、T恤衫上就是商业性的使用。商业性使用中公开权优先于言论自由受保护。

普通法判例中，美国法院主要有以下几种平衡言论自由与公开权的具体方法：第一，区分商业性言论与非商业性言论。商业性言论受宪法第一修正条款保护的力度较低。所谓商业性言论是指恳求听众购买产品或服务的言论。在纯商业性言论中公开权优先于言论自由。商业性言论与非商业性言论的区分是从宪法第一修正条款的立法目的导出的，Brandeis大法官认为宪法第一修正条款有三个目的：（1）教化——政治的、社会的和科学的新闻和娱乐；（2）自我实现——人类以任何形式的自我表达；（3）安全阀——以言论自由代替暴政的社会需求。商业性言论之所以受更小力度的保护，是因为其目的在于促销产品而非传播思想。即使某些广告中含有"有价值"的信息也属于商业性言论，因为本质上仍然是广告。如果某个社会消息与某个商标相连，那整个信息就是商业性言论。非商业性言论受到更大力度的保护，是因为其更多是信息和观点的传播。但即使是非商业性言论比商业性言论受到更多的保护，也可能会侵害公开权。法院必须在二者之间实现平衡。在 Zacchini 案中，最高法院就如何实现公开权与有价值事件报道之间的平衡做了尝试。但当商业性言论与其他形式的言论混在一起时，在应用第一修正条款以前必须进行分类。无论案件中涉及的是何种类型的言论，法院都必须衡量两个领域的法律。没有一种法律自发地优先于另一种法律，任何案件中法院都必须基于个案考量找到最佳的利益平衡点。

第二，新闻价值性标准。只要确定对人格标识的使用属于新闻报道范畴，具有新闻价值就构成公开权侵权抗辩。美国大部分法院采用这样的判断标准。这一规则应用过程中最大的问题是各法院判决不一致，常有相似案例出现截然相反的判决结果。一方面由于对新闻价值的判断无明晰标准，主观性太大。另一方面现代新闻与娱乐的界限越来越模糊，也使得这一判断标准的实际作用更值得怀疑。

第三，转化性标准。即如果确定被告利用原告人格标识的行为是否有转化性、创造性的加工，那其使用就不构成公开权侵权。这一规则是从著作权法中借鉴而来，在著作权法中有一种叫作合理使用的抗辩。根据这种抗辩，如果一个人做了一些非琐碎的实质性贡献可认为这是他自己的成果，就不构成著作权侵权。

第四，偶然性使用。偶然性使用也是受言论自由保护的。偶然使用的情况有两种：（1）无意义地使用某人的人格标识；（2）复制或复播新闻的一部分，且该新闻报道是以某人吸引消费者对产品的注意力。在无意义使用的情形下，使用某人的姓名或肖像必须是最小限度的商业利用才不会产生责任。大多数情况下当肖像的尺度或使用时间相较整体而言很小时，法院认定使用是无意义的。但当使用部分的言论能清晰地显出剩下部分的言论时，也不会被作为无意义的使用。如，所使用的仅仅是原告背影的头部和肩部，在宽度和高度上都小于半英寸。又如，原告姓名作为纪录片电影的三十九个演职员之一出现。原告只是宣传小册子中使用的四十二个人的照片之一，那么对其照片的使用就整个宣传小册子的目的而言也是偶然性的。

复制或复播报道以某人人格标识吸引消费者对其产品的注意力的新闻的一部

分，也被认为是偶然性使用。如杂志使用其他杂志中原告的照片做广告属于媒体偶然使用的情形。这种公开权侵权的例外情形最初是允许媒体为出版物本身做广告，现法院已经扩展至允许媒体使用在过去的出版物或新闻播音员受保护的信息为出版物或广播的性质、质量、内容做广告。如，在之前的报纸上有关于 Ramon Velez 的照片及其调查报告的照片，后来一期的报纸上有一则预定广告使用了 Velez 的卡通人格标识问道"你预定的什么"以引导读者预定。法院认定这一卡通人格标识的使用只是一种模糊的言论。

除此以外，在一些判例中法院还创设了主要目的标准、公共领域标准、公共利益标准等。另外还有一种被法院称为"首次销售抗辩"，即，如果某人许可某产品使用，他就不能再要求该产品的下游零售商支付额外的费用。

三、公开权侵权的诉讼时效与举证责任

公开权之诉的诉讼时效在不同州有所不同，但通常是一到两年。一到两年的诉讼时效大多是应用书面诽谤、口头诽谤或隐私侵权的诉讼时效。有些州也通过其他领域的法律来确定公开权的诉讼时效，如新泽西州法院基于隐私侵权之第四种侵权类型，将公开权的诉讼时效定为 6 年。诉讼时效中的另一个问题是"single publication rule"。这一规则在发表者在不同州散发一个版本的杂志、报纸或书的多个复印本时适用。这一规则的意义在于诉讼时效开始于接受行为的州，无论消费者是否实际看到了这种违法行为。如果公开权之诉是基于书、报纸、杂志或广播电视等出版物，大多数法院都会遵循这一规则。这一规则的目的是在保护司法效率。但再版书、不同版本的报纸杂志或电视广播可能在 single publication rule 之外产生新的违法行为。

公开权侵权之诉的原告应举证证明初步证明案件的每一个要件，若原告要求金钱损害赔偿，他还必须证明由侵权引起的损害及其数量。原告需要证明的基本事实包括：（1）原告能从被告的使用中被识别出来；（2）原告不同意这种使用；（3）至少这种使用可能造成损害。确定原告能否从被告的使用中被识别出来通常有以下几种方法：①在卡通画面中比较被告的使用和原告有特色的特征之

间的相似性。这种方法对名人和非名人均适用，因为不需要以事先知道原告为前提；②检测语境中的要素。很多时候不同面和点的使用被看作一个整体，他们呈几何相加后指向原告；③拿出证据证明人们对原告与被告使用的人格标识中的相似性做出了评论；④调查一定数量的广告受众，确定原告是否能从被告的使用中被识别出来。⑤基于可识别性假设，有证据证明被告故意使用原告的人格标识。证明是否存在"同意使用"一般考察两个因素：原、被告证词的可采性；如果曾同意但声称已届期或超出协议范围，就应当考察协议的内容，原告需要拿出协议文本并解释其内容。损害的证明是最为困难的部分。实际的、量化的损害不需要在确定公开权诉因时予以证明，但要获得金钱损害赔偿，损害的有无和数额就必须确定。专家证人通过比较原告与出于同一信誉和社会地位的其他人，可以说明使用人格标识的合理市场价值。而且有些州允许回复未经许可使用的利益。通常当原告只需提供产品收入的信息时，接下来被告就必须证明开支和分配。在原告完成举证责任后，举证责任转向被告以证明其抗辩。这些抗辩包括所有诉因的证明或其他，如宪法第一修正条款。

四、公开权侵权责任方式

公开权侵权责任方式包括颁发禁止令和损害赔偿。禁止令是阻止侵害继续的标准式救济。大多禁止令是法院签发的永久性禁止令，有些案件中法院也会应申请签发临时禁令。损害赔偿包括补偿性损害赔偿和惩罚性损害赔偿。补偿性损害赔偿又包括实际损失的补偿与可能的损失的补偿。侵犯公开权案件中，实际损失确定的第一步就是评估未经同意使用的人格标识的合理市场价值。合理市场价值通过比较原告其他许可使用收入确定，或者比较与原告情形相似的其他人在这种类型的许可使用中的报酬得以确定。不能通过合理市场价值评估的实际损失借用商标法和著作权法中的规则，以侵权者的获利或不当得利确定。商标法和著作权法中都使用了比例规则（the apportionment rule）和损害相抵规则(the deduction of costs rule)，要求被告证明产品价值和销售比例中不是源于侵权行为的部分。有些法院、立法机关和不正当竞争法重述都认为将侵权者的获利给予原告是合理的救济方式。可能的损失是原告在其职业生涯中或其他许可机会中将来可能获得的收入的机会丧失。对将来许可收入的损害赔偿有可能会是巨额的，因为未经授权的使用破坏了原告控制其人格标识的能力，可能实质上改变其人格标识。惩罚性损害赔偿在美国很多州都是被允许适用于公开权和隐私权侵权案件中的，惩罚性赔偿的目的是通过对侵权者的惩罚劝阻这一类型侵权。原告必须提供证据证明被告的主观恶意，即被告故意地使用了原告的人格标识。适用惩罚性损害赔偿金时，大部分州都要求被告的行为是恶意的 (malicious)、故意的（willful）、不计后果的（reckless）。

公开权侵权的损害赔偿额有很大的差异。有些涉及名人人格标识利用的案件的损害赔偿额可高达百万美元，非名人欲获得如此高额的损害赔偿只能通过惩罚性损害赔偿或以盗用侵权为基础的精神损害赔偿才可能实现。如，在加州的 Sixx 案中，运动鞋公司在八个州发行的杂志上使用音乐人 Nikki Sixx 的照片做广告，陪审团基于以下理由一致支持损害赔偿：（1）盗用普通法中的公开权；（2）盗用制定法中的公开权；（3）违反 Lanham Act 第 43 条（a）项。原告因此获得 600 000 美元损害赔偿加上其他费用支出共计 1 088 55 美元。在另一个案件中，原、被告曾达成协议允许被告在加拿大有限使用其照片，但被告从未根据协议支付对价，并从 1997 年至 2003 年一直在一款咖啡中使用原告的照片。最后法院判决被告支付 330 000 美元惩罚性赔偿金。

第六章 一般人格权模式

第一节 一般人格权

德国民法对人格权的保护，并不接受一般性的、广泛性的规定，而只采取保护个别的、狭窄的人格权的制度。我们可以说，德国民法所保护的是"个别人格权"或"特别人格权"。德国对于人格权的加强保护，以及一般人格权的承认，是起源于第二次世界大战后基本法对人类尊严（第1条）及人格（第2条）的重视。接着联邦德国于1952年12月5日批准了《保护人权及基本自由公约》，简称欧洲人权公约，保护人格（人权）已成为战后的主要趋势。这项公约于1953年12月15日公布施行，成为联邦德国联邦法的一部分。由于基本法对基本权利的重视，以及欧洲人权公约对人权的加强保护，使学术界及司法界受到相当的影响。法院方面认为人格权的侵害与赔偿不以法律有特别规定的情形为限，而应超越这个界限。联邦普通法院遂以基本法为依据，认为民法典第253条与宪法的规定不符合，不应再有效力。法院逐渐发展出一般人格权的概念，并以判决扩大对侵害人格权的金钱赔偿。将某些以往不认为属于人格权的利益归于一般人格权保护，或对不能获得金钱赔偿的侵害给予金钱赔偿。因此，一般人格权产生和发展，是德国联邦法院援引基本法规定的人类尊严与人格发展原则的结果。

一、一般人格权的创设背景

《德国民法典》的起草者十分信任习俗和道德对行为的调控作用，没有将人格本身上升为一项由侵权法保护的法益,因此在该法典中没有创立一般的人格权,而是将人格的个别方面规定为几项绝对的权利。如民法典第 12 条中的姓名权。姓名权也被承认为第 823 条第 1 款中的"其他权利",名誉则没有被归入这一款。因为除了第 824 条关于发布或传播虚假信息使人信用损害的应承担损害赔偿责任的规定外,立法者不想使民法的保护超越刑法第 185 条及以下关于侮辱和诽谤罪的规定。刑法的这些规定即是第 823 条第 2 款所称的保护性条款,并可根据该条款作为请求权基础。就人格权的权利规定而言,1896 年德国民法制定之时,有人倡导一般人格权。但立法者仍持保守态度,仅在德国民法第 823 条第 1 项以列举方式规定:"因故意或过失不法侵害他人生命、身体、健康、自由、所有权或其他权利者,应负损害赔偿责任。"其中,"其他权利"依照立法者的意思是指与所有权相当的绝对权而言,并不包括名誉或其他人格权在内。德国民法第 12 条对姓名权做了明文规定。在特别法方面,因照相机发明产生的肖像权的侵害问题促使 1907 年《艺术著作权法》第 22 条规定了肖像权。就人格法益受侵害的救济方法而言,德国民法第 253 条和第 847 条规定非财产上损害赔偿仅限于身体、健康及自由受侵害的能请求精神抚慰金,并且没有关于除去妨害、停止侵害的规定。人格权之侵害依据德国民法第 253 条要求非财产损害赔偿,还必须符合合同法第 847 条的规定,并非只要满足第 823 条第 1 项"其他权利"的规定即可。

第二次世界大战后,德国于 1949 制定的基本法明确人之尊严及人格自由发展应受尊重和保护,为人格权理念的复兴和发展创造了新的法秩序。德国联邦政府曾在 1959 年提出保护私法上人格权和名誉的法律草案。但因新闻媒体以有害言论自由为由强烈反对,最终以失败告终。在此倾向下法院采取了主动、积极、具有突破性的司法造法活动。

德国民法典对人格权的这种处理方式使得人格权之保护相当不完整,造成了很大的法律漏洞,并难以通过其他法律规范予以填补。尤其是随着现代传媒技术的发展,这种处理方式的局限性更是日益凸显。在德国民法典生效后不久,立法者即在 1907 年实施的《艺术著作权法》中又创立了肖像权(规定于该法第 22—24 条,第 33 条,第 38 条,第 42—44 条,第 48 条和第 50 条。根据这些规定,原则上只有在当事人同意的情况下才能传播或公开展示其人格标识）。二战之后纳粹独裁时期对人格及其固有价值的藐视，《基本法》在第 1 条第 1 款中规定人的尊严不可侵犯，于第 2 条第 2 款中将自由发展人格的权利置于宪法的首要内容。使宪法人格权得以确立，国家权力对人格的尊重义务得以宪法化。这一背景下，在 1954 年的"读者来信案"中，联邦最高普通法院为民法上一般人格权的讨论提供了一个转折点。联邦最高普通法院根据《基本法》第 1 条和第 2 条导出一般人格权是宪法予以保障的一项基本权利，并宣称这项基本权利不仅可以对抗国家权力，也能在私法中受到所有人的尊重。尽管这种直接赋予基本权利第三人效力的做法受到诸多批判，但其结论———一般人格权为侵权行为法保护的客体却受到了广泛的赞同。依据德国通说以及德国联邦法院和联邦宪法法院的见解，基本法原则上并无此种直接的第三人效力。因为依基本法私法主体并非依宪法之规定的缘故，应尊重他人私法主体的人格权，国家应制定与之对应的私法保护人格权。随后的判例中更进一步通过将一般人格权赋予德国民法典第 823 条第 1 款意义上的"其他权利"的资格，使得一般人格权受侵权行为法保护的观点在德国达成共识。

德国民法对人格权的规定采列举主义，未设一般规定。为了弥补列举主义的不足，德国联邦法院乃依据德国基本法第 2 条第 1 项和第 1 条第 1 项创设一般人格权，认为其属于德国民法第 823 条第 1 项的"其他权利"。一般人格权是法定个别人格法益或特别人格权以外的"人格法益"的总称。它是一种具有母权性质的概括的人格权，须具体化为各种特别人格权（或受保护的范围），如名誉、隐私等。

联邦法院和联邦宪法法院共同协力使人格权之内容不断丰富和完善。宪法法院通过宪法诉讼解释宪法上的基本权，对私法上人格权的内容产生了重大影响。德国联邦法院在 1954 年的"读者来信案"中以基本法第 1 条和第 2 条关于人之尊严不可侵害的规定为依据创设了一般人格权，自此一般人格权成为德国法上的重要制度。随着实务案例的累积，一般人格权保护范围不断具体化、类型化。1957 年德国联邦法院在骑士案中进一步确定侵害一般人格权情节严重而又无其他足够救济方法时，被害人就其非财产损害得请求金钱赔偿，使人格权之救济方法通过金钱赔偿的承认得以强化。除一般人格权的创设外，德国人格权法上最具革命性的发展是德国联邦法院于 1998 年的 Malene Dietrich 案中，肯定人格权具有精神和财产双重构成部分。传统权利体系严格区别人格权与财产权，认为人格权具有人身专属性不得让与或继承。此种人格权性质和内容的再构造为侵害人格权获利剥夺及死者人格权保护提供了必要的理论架构。但在一般人格权与言论自由发生冲突时，德国宪法法院多被批评为有过分偏重言论自由之嫌。

二、一般人格权的确立与边界

（一）一般人格权的确立

最终，在"读者来信案"中一般人格权得以确认。本案被告将原告为当事人写的律师函，经过删减后擅自刊登在其报纸的读者来信栏目中，使读者误以为是原告对 Schacht 所引发的争论发表的个人意见，原告申请法院要求被告撤回这一不符合事实的声音。联邦法院从德国基本法第 1 条规定的人格尊严应受尊重为基础论证一般人格权的存在，并判决原告胜诉。法院认为人格自由发展是一种私权，在不侵害他人权利、违反宪法秩序或伦理的范围内，也是一种应受宪法保护的基本人权。思想或意见源于人格，是否发表、如何发表涉及作者的人格，应由作者自己决定。未经同意发表他人资料，或经同意发表但添加、减少内容或采取不当方式为之，也属于对人格权的侵害。因此，原告受当事人委托执行律师业务致函更正，被告侵害了他人的人格权，应当履行恢复原状义务。

"读者来信"案中的这一段描述似有人格自治理论的影子："任何一次言论对某一思维内容的固定，都是言论者的人格的流露；即使言论固定的形式不具备享有著作权保护的要件，亦是如此。据此而得出的结论即：原则上，某个言论是否可以以某种形式为公众所知悉，只有言论者自己有权决定……如果说未经允许而发表私人的言论，一般情况下是对人们普遍具有的个人私密领域的强行干预，那么将言论改动后加以表述，则是在表达言论者的人格领域造成了损害。因为这种不为表达言论者认可的改动可能会呈现出一个错误的人格标识。"

（二）一般人格权与言论自由的关系

明确一般人格权与言论自由的关系的案件是犯罪纪录片案。本案申请人曾参与抢劫德国某地弹药库并造成数人死亡，被捕后被判处徒刑正在服刑中。德国某电视台认为该案具有社会意义，遂拍成纪录片，探讨犯罪背景、过程，还特别强调申请人的同性恋倾向。该纪录片中有申请人的相貌、姓名等个人信息。申请人要求法院禁止电视台播放。地方法院和高等法院均以申请人已成为公众人物为由驳回其诉求，但德国联邦法院根据德国联邦基本法第 2 条第 1 项和第 1 条第 2 项要求电视台停止播放。其理由主要为：人的尊严是宪法体系的核心，人格权是宪法的基石，是一种基本权利。言论自由也是宪法所保障的基本权利，某一言论是否侵害人格权应考虑人格权被侵害的严重性，以及该言论所要达成的目的。本案中犯罪事实发生于 20 年前，申请人即将获释开始新的生活，其不受干扰的权利应优先于言论自由。

（三）一般人格权与特别人格权的关系

在一般人格权产生之前，德国对人格权明确予以保护的只有民法规定的姓名权和著作权法规定的肖像权。但都是以保护人格利益为己任，并不涉及财产利益的保护。但随着社会的发展，姓名、肖像等人格利益的保护不仅随着人权的重视不断加强，而且其中的财产价值也日益凸显。一般人格权是一种框架性权利，或者说是民法中保护人权的原则性规定，通过它，联邦法院不断发展出更多的案例，扩张对人的保护。就一般人格权与特别人格权的关系，拉伦茨认为，一般人格权是基础，在法律逻辑上优先于特别人格权。但在法律适用上，特别人格权是一般人格权的一部分，法律适用中优先适用特别人格权，因为特别人格权规定明确。

一般人格权对具体人格权的补充主要体现在两个方面：一是对人格利益保护范围的扩大和保护强度的增加，保护范围的扩大表现为对更多人格利益的保护，保护强度的增加主要是对慰抚金的承认和应用；二是对人格中财产利益的承认与保护。因此，人格标识商业利用既侵害人格利益又侵害财产利益的，侵害人格利益部分的救济，如果有具体法律规定，如姓名、肖像，则适用特别人格权的规定予以救济，如果没有具体规定则适用一般人格权救济；侵害财产利益部分的救济，均是通过一般人格权实现。

三、一般人格权的内容

（一）抚慰金请求权

德国民法对抚慰金的规定做了限制性规定，一般人格权受侵害的金钱赔偿亦通过法官造法得以实现。德国民法第 253 条明确将非财产损害限于法律有明确规定的情形："非财产损害只在法律有明确规定的时候才能要求财产赔偿。"法律明确规定是指德国民法第 847 条第 1 项："侵害他人身体、健康，或侵夺他人自由的，被害人对非财产上损害可请求金钱赔偿。这一请求权不得让与或继承，但有协议约定或已经起诉者不在此限。"一般人格权受侵害时，如何突破这一限制，使被害人得请求抚慰金是一般人格权被承认后在救济上的一大难题。德国联邦法院通过以下两种途径，以法官造法的形式赋予一般人格权侵害的金钱赔偿：第一，类推适用德国民法第 847 条关于自由的规定，如骑士案。骑士案中，法院根据德国基本法对人格权的规定，通过将精神自由类推适用身体自由抚慰金请求权的规定实现了对原告非财产损害的金钱赔偿。第二，以德国基本法第 1 条和第 2 条为抚慰金请求权的依据，如人参案。本案中德国联邦法院认为基本法明确规定人格应受尊重，人格权被侵害主要是发生非财产上损害，若不能请求金钱赔偿，实则放弃了保护人格权最有效的手段，因此民法第 253 条规定已经不符合现在社会的发展需要，一般人格权受侵害应获得金钱赔偿请求权。但因为一般人格权与身体健康被侵害不同，我们应该对这一请求权有所限制，只限于加害人有重大过失并给被害人造成严重损害的情形。随后，德国宪法法院在 Soraya 案中承认了抚慰金请求权的合宪性。在 Soraya 案中，Soraya 是前王后，已与国王离婚。被告刊登虚假访问报道。原告以人格权受侵害为由起诉至法院，请求抚慰金。被告以抚慰金请求权应以法律有明确列举的情形为限这一理由抗辩，认为联邦法院的判决侵害了宪法基本权利赋予其的言论自由，遂起诉至宪法法院。联邦宪法法院驳回其诉求，并承认联邦法院创设的一般人格权，认为私领域属于应受保护的利益。

德国法院以宪法为依据创设一般人格权，并直接以宪法作为请求抚慰金的基础确为惊人之举，但此惊人之举背后依然以德国二战后宪法观念、人权观念的转变为土壤，宪法第三效力理论的建立及战后德国社会的发展都为这些判决提供了法律和社会基础。但就法律方法论而言，此判决因违反德国民法第253条的规定，直接以宪法为请求权基础，亦颇受批评。虽然方法论上欠缺稳妥性，但由于判例和学说的协力，人格权被侵害时非财产上损害请求，在德国已经产生法的确信，具有习惯法的效力，发挥规范功能。

（二）私人领域保护与名誉保护

德国民法和宪法上没有隐私的概念，相当于美国法上隐私的是德国判例学说中的私人领域。私人领域属于一般人格权保护个人生活领域的具体化，可以排除他人干预，属于自我存在的领域。通过宪法诉讼制度，联邦法院与宪法法院分工协力实现人格权及隐私权的保护。

一般人格权在私生活上的具体化的保护范围（德国隐私受保护的范围），学说上提出领域理论。私人领域是指为了个人人格自由发展必须保留给每个人有一个内部空间，在此空间内得以保有自我，不让周边环境进入，享有安宁。为了区别个人生活领域并确定保护范围，联邦法院采纳领域理论，将其区分为隐秘领域、秘密领域和私人领域。领域理论是将私人生活领域放置于同心圆的模型上，依照接近中心核心部分的远近，分不同层次保护。其中，隐秘领域是人性尊严的核心，受绝对保护，任何侵害都应被排除。其他两个领域则依照相互利益衡量决定是否受保护。在人口普查案中，德国联邦宪法法院已经逐渐扬弃此种核心领域理论（以资料的使用或结合可能性作为判断标准），在日记案中将核心领域加以相对化（以利益衡量认定应受保护的领域），并有从领域理论到资讯自主的发展趋势。美国法上的隐私是个案发展而来的，采广义解释，包括自主决定和资讯隐私，其范围并扩展及堕胎、死亡权利等。

德国对名誉的保护除了第823条第2款联系《刑法典》第185条和第186条

外，也包括过失损害名誉的救济。过失损害名誉的救济通过一般人格权实现。在德国法理中将名誉划分为主观名誉和客观名誉。客观名誉是一个人的声望，即他人对其价值的看法。根据德国的法律观，一个人只有权要求得到他本该得到的声望和声誉。因此只要是真实的，就可以传播有损他人名誉的消息。主观名誉是个人的名誉感，它可能高于或低于实际名誉，是"对他人看法的敬畏"。只有当一个人的主观名誉感同其所作所为相符时，才有权得到他人的认可。

（三）人格标识财产利益的保护

本章在第二节和第三节中对姓名和肖像这两类最为常见的人格标识财产利益的一般人格权保护予以介绍。但一般人格权作为一种框架性权利，以补充特别人格权之不足为要，对其保护范围随着判例发展不断变化。就人格标识财产利益的承认和保护而言，除了原则性地承认人格标识之财产利益外，亦随着判例累积不断丰富所保护的人格标识的范围，如声音商业利用。在 Heiz Erhardt 案中，德国联邦法院认为模仿他人声音做广告构成一般人格权的侵犯，不论有无损及名誉，其人格侵害之强度并不亚于姓名或肖像的利用。由此确立了对声音商业利用问题的适用规则，既保护声音之人格利益，也保护其上的财产利益。

1.人格标识财产利益的转让性

关于是否可转让问题，因为一般人格权被认为是一种人格权利，因此不允许转让。但肖像权也被认为具有某些经济利用价值，这一假设是基于这样的事实，即个人有同意他人使用自己肖像以换取许可费用的权利。因此，在现实生活中，肖像权允许个人授权他人使用。但人格权之转让问题在目前的德国实务中仍旧是悬而未决的问题，因为德国联邦法院尚未明确表态。联邦法院在 Mephisto 案中，虽表示"人格权，除了财产价值成分外，系一身专属之权利而不得让与且不得继承"。在 NENE 案中，人格权转让性的问题清晰地呈现在德国联邦法院面前，但法院灵巧地通过不当得利回避了此问题。

2. 人格标识财产利益的继承性

关于是否可继承问题，德国制定法中不予承认，但案例中已有探索承认其具有可继承性。如 Malane Dietrich 案。本案中，原告 Maria Riva 是德国著名电影明星 Malene Dietrich 的独生女及唯一继承人，同时为遗产之遗嘱执行人。被告为 Lighthous 音乐剧制作有限公司唯一的经理，其在 1993 年制作了一部关于 Malene 生平的音乐剧。该音乐剧上演一段时间后停止上演，但被告仍拥有"Malene"之商标权，该商标权依其登记内容为，在舞台剧或电影方面，供娱乐性文学或音乐表演之拟稿、制作及演出之用。原告曾经请求撤销该商标权，不过该请求在一审中已被原告撤回。但在 1993 年被告授权 Fiat 汽车股份公司，制造及销售两百台特殊式样的样品车，并同意其使用 Malene 之亲笔签名及肖像。Fiat 公司利用 Malene 之亲笔签名、肖像以及上述音乐剧做广告，并开发大量各式周边商品，包括电话卡、手表、胸针、明信片、衬衫、马克杯。原告给予自己的权利以及身兼遗嘱执行人之法律地位，就被告使用其母亲的肖像、姓名及亲笔签名，请求法院判令被告停止侵害，并承担损害赔偿义务。本案经过一审二审，最后上诉至联邦法院，联邦法院判决被告应予赔偿。本案承认了人格权财产价值成分之可继承性，在德国人格权发展上具有开创性及革命性意义，因其打破了向来认定人格权不得继承之固定见解。

综上，一般人格权的伦理基础是将人理解为具有无条件的自我价值的，法律应承认个体在自我发展方面有一个由个人来确定的领域。随着大众传媒和商业的发展，很多人格标识可以在经济上加以利用。所以德国联邦最高普通法院承认一般人格权具有财产价值，并将其与精神利益一同纳入保护范围。在 Marlene Dietrich 案中，联邦最高普通法院对人格标识中的精神利益与财产利益的区别做了描述，认为肖像、姓名以及人格的其他标志可能具有巨大的经济价值。名人允许他人在支付报酬后商业利用其具有识别功能的人格标识，是将公众对他的关注以及他在公众心目中的人格标识进行商业化。擅自商业利用更多的损害表现在当事人商业上的利益。联邦最高普通法院也坚持人格标识中两种利益的区别不意味着财产部分能完全独立于精神部分。专利权与著作权皆属人格权之延伸。只要注意到近年来中外立法关于专利权、著作权保护规定的演化，即可认识关于人格权保护的复杂性。关于是否保护，保护方法、范围、期间等问题皆非自始定于一论。

第二节 姓名权

《德国民法典》第 12 条规定："有权使用某一姓名的人，因另一方争夺该姓名的使用权，或者因无权使用同一姓名的人使用此姓名，以致其利益受到损害的，可以要求消除此侵害。如果有继续受到侵害之虞时，权利人可以提起停止侵害之诉。" 本条规定是对既得姓名的保护。保护的方式是姓名权人得请求排除或停止侵害。但本条规定的适用并不以行为人有故意或过失为要件。本条也非德国民法保护姓名权的唯一规定，也不是姓名权人请求损害赔偿的依据。行为人存在故意或过失的情况下，姓名权人可以依据德国民法第 823 条第 1 项的规定请求损害赔偿。无论行为人是否具有故意或过失，姓名权人都可以依据德国民法第 812 条第 1 项第 1 款关于不当得利的规定，请求行为人返还因使用其姓名而获得的利益。

一、姓名权保护的范围

（一）同一性利益

姓名的功能在于区别人己，故"同一性利益"是姓名权保护利益之一。就"同一性利益"的范围仍有狭义和广义之分。狭义的同一性利益重在避免主体混淆以实现姓名在形式上的识别功能。包括：姓名必须用于称呼特定正确的人，姓名所指称之人应与姓名权人同一，不得用于称呼他人以至于发生混淆；广义的同一性利益则就姓名代表姓名权利人一定之人格标识而言，包括避免将他人的所作所为归于本人，或相反地将本人之声誉或贡献归于他人。侵害同一性利益的典型行为是冒用他人姓名。同一性利益是姓名权所保护利益的核心，因为该利益是从姓名在社交中的个性化识别功能推导出来，个性化识别功能是姓名最重要的功能。

在创设一般人格权之前，德国法院对同一性利益的界限是有争议的。争议的原因主要是产生扩大姓名权保护名誉的实务需求。随着一般人格权的创设，这一争论已基本平息。目前学说及德国联邦法院几乎一致认为民法第 12 条所保护的是狭义的同一利益。所谓"姓名使用"原则上仅限于擅自以他人姓名作为自己或第三人姓名的情况。

（二）个性化利益

个性化利益是为了避免归属上的混乱。所谓归属上的混乱，即因为姓名的使用使公众误认为姓名权人与使用该姓名的产品、企业或机构之间具有某种联系。个性化利益是法院以民法起草第二委员会的记录为基础抽象概括出来的，在记录中立法者明确表示非将他人姓名用于标识某人而将其用于广告目的、标示商品或作为商店招牌的，民法第 12 条亦应介入。个性化利益与姓名权的发展史有关。姓名商业利用的历史比肖像更为悠久，早期德国将姓名视为个人参与商业活动的表征，商号或商标均由个人姓名所构成。在《德国民法典》施行以前，个人姓名是通过商事法律加以保护的。因此，就发展史观察，姓名权的形成与商业活动有密切关系。姓名基于其基本的识别功能对个人在交易上的自我展现扮演举足轻重的角色，个人的姓名是最容易让人产生联想、也是最普遍的标志。由于姓名的个性化功能，个人得将其工作及穿着客体化以表现其人格。反之，擅自使用他人姓名作为物品或组织的标志将造成他人人格图像的扭曲，产生其对该物品或组织有支持态度的错误印象。

个性化利益与同一性利益区别的意义在于二者所指涉的情形是不同的。保护同一性利益是为了防止用姓名指代姓名权以外的人而造成混淆；个性化利益的保护则是为了避免使用姓名指代人之外物，使人与物之间产生某种违背姓名权人意愿的联系。在个性化利益受侵害的情形下通过姓名识别出来的人仍然是姓名权人，即同一性利益未受侵害。

归属上的混乱是使姓名权人与某物、企业或组织之间产生某种错误的精神或经济联系。那么，多大程度上的联系才被认定为发生了归属上的混乱呢？学者Schwerdtner认为，必须因此使外界认为商品或服务来自姓名权人才构成归属上混乱的危险，这一主张可称为"归属"标准。德国实务界则采取较宽松的见解，认为只要使人产生姓名权人同意或授权姓名使用人之错误印象，即发生归属上的混乱，即构成姓名的冒用。

二、姓名权侵权类型与责任方式

《德国民法典》第12条的规定将侵害姓名的行为限于姓名争执和无权使用同一姓名两种情形，其他侵害姓名的情形由一般人格权加以补充。第一种侵害姓名权的行为是姓名权人使用其姓名的权利受到他人否认（争执）。这种侵害并不以姓名权人利益损害为必要，因为否认姓名权人使用姓名本身就是一种侵害，此时姓名权人可以起诉要求该有争执之人除去侵害。这种侵害姓名权的类型还包括行为人也可能以故意使用另外一个姓名称呼姓名权人的方式实施侵权行为。如，姓名权人依法变更自己的姓名后有权要求他人以新的姓名称呼自己。第二种侵害姓名权的行为是冒用姓名权人的姓名并导致姓名权人利益受损。这种侵权类型须以姓名权人之利益受损为构成要件。所谓利益包括姓名权人的一切利益，人格的、无形的、感情的利益均包括在内，并不以财产利益为限，且利益侵害的威胁存在也属于利益的侵害。因此，如果权利人被误认为与冒用人是同一人或属于同一家族的，都被认为是姓名利益有损害的情形。但是若行为人是使用自己的姓名，即使可能引起混淆（如同名同姓的倾向），也不构成姓名权侵权。商业利用姓名则可能涉及不正当竞争法及商标法等问题，不能一概而论。德国通说认为行为人擅自使用他人姓名来命名商品或机构使得该姓名与商品或机构发生联系者，也属于冒用他人姓名的行为。例如，联邦法院认为啤酒制造厂打出"多特蒙德以H.牌啤酒欢迎您"的广告语，构成对多特蒙德市名称权的侵害。

就姓名侵权的救济方式而言，《德国民法典》第12条的规定赋予姓名权人两项请求权：一是权利人有权要求行为人排除妨碍；二是权利人可以在行为人有继续侵害之虞时要求行为人停止侵害。

三、一般人格权对姓名权的补充

（一）在广告中提及姓名

未经同意在广告中提及他人姓名为德国民法第12条的规定不能应对的情形，通过德国联邦法院创设的一般人格权得以规范。《德国民法典》第12条只能对将姓名用于指称商品、企业或机构等物使姓名权人与该物联系起来的情形予以规制，即侵害姓名权之个性化利益的情形。对于只是在广告中提及姓名的情形则不能通过德国民法第12条予以规制。在广告中使用他人姓名构成一般人格权侵害的原则是在卡德莉琪·巴兰德案中确立的。在卡德莉琪·巴兰德案中，原告在其假牙清洁补强剂的广告中使用"我虽然不如伟大的同事卡德莉琪·巴兰德那样有名……"等语言，卡德莉琪·巴兰德以侵害姓名权为由提起诉讼。德国法院最后认为被告的行为难构成民法典第12条规定的姓名权侵权。在广告中任意提及他人姓名构成一般人格权侵害，权利人可以禁止行为人使用其姓名并给付财产损害赔偿和精神损害赔偿。法院明确表示姓名权作为人格权，其本质是保护自主决定权。据此，姓名权人有权决定是否以及在何种条件下将自己的姓名提供给他人使用。根据德国联邦法院的观点，该项自主决定权来源于由德国基本法第2条规定的"人格发展自由"衍生出来的精神和经济上的自主决定和人格自由发展两项更高位阶的权利。因此，德国民法第12条保护以姓名指称某物的自主决定权，一般人格权保护在广告中被提及其姓名的自主决定权，二者通力协作实现了姓名权人对姓名经济利益的自主决定权。

在广告中提及他人姓名与侵害姓名的个性化利益的界限在于是否发生归属上的混乱，使外界认为商品或服务来自姓名权人（严格解释），或只要使人产生姓名权人同意或授权姓名使用人之错误印象（宽松解释）。在广告中使用他人姓名造成归属上的混乱的，属于侵害姓名的个性化利益的，属于民法典第12条规定的冒用他人姓名的侵权；在广告中使用他人姓名却没有造成归属上的混乱，如只是提及某人姓名以加深公众对产品的印象，不会使公众以为姓名权人对产品有授权或同意之意思则不构成侵害个性化利益的冒用姓名侵权。这种情形构成在广告中提及他人姓名的侵权，属于一般人格权的范畴。但二者在保护的法律依据上都是基于德国基本法第 2 条规定的人格发展自由权和作为该基本权重要组成部分的经济上的发展自由权。在保护理由上也是相同的，即姓名的使用反映了姓名权人的人格标识，未经允许的使用无论是用于商品或企业上，还是用于推销产品或服务，都将歪曲姓名权人的人格标识。因此，二者都是对姓名权人姓名自主决定权的保护。

另需引起注意的是，提及姓名侵权与以提及姓名为工具的侵权之间是有区别的。单纯地提及姓名，用正确的姓名指称姓名权人，不管其言论是否正确，都不属于《德国民法典》第 12 条保护的范围。因为这种方式没有侵害姓名的同一性利益。在广告中提及姓名可以通过一般人格权救济，保护的依然是姓名中的利益。至于是姓名中的人格利益还是财产利益，后文再论；提及姓名于不正确的言论或实施披露可能造成姓名权人名誉贬损、声望下降、隐私暴露等构成对姓名权人名誉、隐私的侵害。这种侵害也是通过一般人格权予以救济，但保护的已经不是姓名上的利益，而是名誉、隐私等其他人格利益。这种区别本质上是姓名权所保护的利益和其他人格权所保护利益之间的区别。鉴于姓名在社会交往中的识别工具功能和归属工具功能，在对某人进行描述时通常需要解释被描述者，姓名就是这样一种常用的确定和归属工具。因此，姓名提及可能只是侵害名誉、隐私等利益的工具。

（二）姓名商业利用中经济利益的保护

1. 保护姓名中经济利益的态度转变历程

在德国，司法审判对姓名中经济利益的态度经历了从忽视到承认再到重视的转变。在早期的判决中，对将姓名用于广告的案件，法院多注重精神利益的保护，即使该案件涉及明显的经济利益，如 Graf Zeppelin 案。该案之后，德国联邦法院在越来越多的案件中对姓名中的经济利益予以考虑，并将保护肖像不擅自用于广告的原则适用于姓名经济利益的保护。德国联邦法院实际上承认了姓名权人享有阻止他人在广告中使用其姓名的防卫权，对应的是一项积极使用权。该积极使用权包含了财产利益归属的内涵。由此，联邦法院承认了姓名中的经济利益。但此时联邦法院对姓名中经济利益的保护还不够充分，常考察姓名权人是否曾商业利用其姓名以及是否有客观上的可能和主观上的意愿商业利用其姓名。如在1959年的 Caterina Valente 案中，法院以原告并没有考虑过将姓名投入广告为由拒绝了原告的损害赔偿请求。其后随着德国法院将不当得利返还请求权应用于以姓名做广告的案件，未经允许将他人姓名用于广告构成一般人格权侵害的。可以根据《德国民法典》第812条第1款第1句"无法律上的原因，因他人的给付或以其他方式使他人蒙受损失而自己取得利益的人，对该他人负有返还义务"规定的不当得利返还请求权获得更充分的保护。以一般人格权和不当得利返还请求权为基础，姓名权人可以请求赔偿金，其数额相当于其许可他人使用其姓名时本可以获得的许可费。因为不当得利返还请求权不以过错为要件，所以在侵害人过错不能确定时甚具意义。不当得利返还请求权也不以姓名权人是否愿意将其姓名投入广告使用或是否曾商业利用其姓名为基础，因为这不影响侵害人得利的客观事实。

2. 保护姓名中经济利益的法律依据

根据前述对民法典第12条所保护的姓名的同一性、个性化利益以及一般人格权所保护的提及他人姓名的分析，涉及姓名中经济利益的使用主要有两种：一种是以姓名指称商品或企业，另一种是单纯地在广告中提及姓名。前者使公众误以为姓名权人与商品或企业之间具有某种联系，构成个性化利益的侵犯。以民法典12条为依据构成姓名权侵权，再根据《德国民法典》第823条第1项"其他权利"（一般人格权属于其他权利的范畴）姓名权人可以就因个性化利益受侵害遭受的精神损失和财产损失请求救济；后者只是在广告中提及他人姓名属于一般人格权的范畴，其精神损失和财产损失均通过一般人格权救济。上述两种情形均可以通过《德国民法典》第812条第1款第1句规定的不当得利返还请求权予以救济。该不当得利返还请求权属于非给付不当得利返还请求权中的因侵犯所生不当得利返还请求权，不以过错为要件，也不以姓名权人有商业利用其姓名的意愿为要件。

第三节 肖像权

一、肖像权的立法确认

肖像权产生的社会背景与美国隐私权产生的社会背景相同，均是以摄影技术产生为导火线。摄影技术使获取他人人格标识更便利、快捷，照片的高度可复制性又使其传播更容易。加之印刷技术的革新，报业大变革随之而来，以往以文字为基础的报道向图文并茂的报道转变。实际上由于照片更直观、更能刺激眼球，以图片为基础的报道越来越广泛。这种传媒背景下，照片的制作和传播都有了更强大的推动力，除了征得肖像本人同意的使用外，未经同意的肖像使用随处可见。未经同意拍摄他人照片或生活情景并广泛传播的社会现象是促成肖像保护诉求的最主要社会因素。肖像权的概念最早是由意大利学者 Amar 于 1874 年提出的。他通过个人对其身体享有所有权得出肖像权，主张个人对其肖像的制作和散布享有独自的决定权。司法实务上首度承认肖像权的是法国法院，法国法院从 1880 年开始主张任何人对其外貌享有所有权，可禁止他人复制。

德国在 19 世纪中期开始出现保护肖像权的法律，但这些法律都不是专为肖像权保护制定的，只能算是寄生于著作权法中的通过对照片复制或散播的限制间接实现肖像权的保护。如 1865 年巴伐利亚邦著作权法第 35 条规定，复制肖像之权利属于肖像定做人。该条规定虽然可以在一定程度上保护肖像权，但由于属于著作权法的内容，保护对象为著作权，肖像权能否受到保护取决于照片是否符合著作权保护要件。只有当照片的创作高度达到著作权法的要求时才属于该条规定保护范畴，对其复制须肖像定做人同意。因此，将肖像权置于著作权下予以保护的方法有诸多限制。第二帝国建立后于 1876 年颁布了《摄影保护法》，就肖像权的保护排除创作高度之要求，规定符合一定形式的照片的复制即须征得肖像定做人同意。在排除创作高度之要求后肖像权的保护范围得以拓宽，但无论 1865 年或 1876 年的法律均以肖像定做人而非被摄影者为保护主体。其原因一方面是基于著作权本身保护规则所限。另一方面也因为当时由于摄影器材的限制。被摄影人必须固定在照相机前方能完成摄影，绝大部分情况下被摄影人与定做人属于同一人。一旦被摄影人与定做人非同一人，肖像权的保护就难以实现。如摄影师应被摄影者朋友的委托进行的摄影，被摄影者的朋友才是肖像定做人。受法律规定所限，法院难以扩大解释肖像定做人实现被摄影者肖像权的保护。如果说在被摄影人与定做人大多为同一人的社会背景下，肖像权保护之不足之处还显得不是那么刺眼，那么随着快速摄影技术的出现，任何人在任何时候都可以用相机随意拍下他人样貌，摄影保护法在肖像权保护上的束手无策就到了各界法律人士必须关注的程度。

1896 年俾斯麦遗体偷拍案更是为法学界关于是否承认肖像权，以及肖像权的性质、内容如何界定的讨论拉开了正式的序幕。俾斯麦遗体偷拍案是法院在欠缺肖像权保护途径的情况下，通过刑法上的侮辱罪做出的创造性判例。该案中两名新闻记者闯入已卸任宰相俾斯麦殓房拍摄其遗容，帝国法院依据"法律不保护违法行为所获利益"的古老法律原则，判决新闻记者基于侮辱行为所获不当利益不受保护，俾斯麦继承人可以请求记者交出底片。在肖像权基本问题的争论上，最具有代表性的是 KeBner 和 Kohler，前者认为肖像权是个人对其外在形貌的排他处分权，兼具精神利益与财产利益之内涵。在性质上，肖像权虽然属于人格权但不以精神利益为限。在肖像保护基本立场上主张摄影禁止原则，只有在少数基于公共利益的特殊情况下才允许摄影。后者在权利三分的基础上，认为肖像权是一种人格权，并非个人对自身的支配权，而是请求他人尊重之权利，不具有财产利益内涵。依 Kohler 的见解，不应制定成文法保护肖像权，应以一般人格权为基础进行保护，只有在肖像的复制侵害人格之正当领域时，方运用一般人格权对肖像予以保护。在肖像保护的基本立场上，Kohler 主张摄影自由原则，只有当侵害被摄影人正当利益时，对摄影的限制才属正当。最终，立法者采用了 Kohler 的见解。

1907 年制定的《艺术及摄影作品著作权法》（简称 KUG）就肖像的保护特设规定。依当时的立法资料，肖像权被定性为特别人格权。虽然该法仍采用过去的著作权路径，将肖像权保护视为是对照片著作权人复制权和散布权的限制，但其排除了旧法的各种不足之处。除某些例外情况外，该法第 22 条赋予被摄影者可决定是否公开或散布其肖像的排他性权利，不限于防御权，而是一个关于肖像的广泛控制权。同时，肖像权的存在与存续期间也与著作权完全脱钩。因此，肖像权虽然形式上在著作权法中予以规定，但实质上已经完成了其在制定法上的具体化。

《艺术及摄影作品著作权法》第 22 条规定："1. 肖像须经肖像权人同意才能传播或公开展示。2. 肖像权人取得报酬的，对是否同意有争议的，应视为已经同意。3. 肖像权人死亡后十年内，由其亲属同意。4. 所称亲属指死者的配偶子女，无配偶或子女的，为其父母。"第 23 条规定："1. 有下列情形之一的，肖像的散播或公开展示无须第 22 条所规定的同意：（1）属于时代历史范畴的肖像。（2）人之肖像为风景或某地点的一部分。（3）参与集会、游行及其他类似活动之人的肖像。（4）肖像非为委任而定做的，其传播或展示是为了艺术的利益。2. 上述情形，不得侵害被摄影人或其死后家属之正当利益。"

就规范架构而言，第 23 条第 1 项第 1 款构成第 22 条之例外，即任何肖像的散布或公开展示原则上须经肖像权人同意，有第 23 条第 1 项第 1 款情形之一者例外地无须同意。而根据第 23 条第 2 项的规定，上述例外情形下的散布或公开展示，若侵害肖像权人的正当利益仍须经肖像权人同意，构成所谓例外之例外。

本法因 1965 年的《著作权法》而废止，但根据德国著作权法第 141 条第 5 款，关于肖像权的规定继续适用。因此在形式上，肖像权与著作权已分别由不同法律加以规范。依著作权法第 66 条规定，肖像权本身构成对著作权的限制。

二、肖像权的性质、内容与范围

（一）肖像权的性质

在艺术著作权法制定的论战中，KeBer 将肖像权定性为个人对外在形貌的广泛支配权。实务及学说多数见解则认为艺术著作权法第 22 条保护的是名誉或羞耻感。20 世纪 50 年代末，受美国隐私权的影响，也有将被摄影者的私领域纳入肖像权保护的观点。但现德国实务及学说通说认为肖像权是基本法第 1 条和第 2

条所确立的自主决定权的特殊形态，保护被摄影者对其性质的处置自由。因此，肖像权是个人决定是否、何时以及在何种情境下将其肖像对外公开的排他性权利。未经同意公开他人肖像侵害了他人的自主决定和人格自由活动的自由。

肖像权的自主决定权性质为其提供了保护的起点、框架，在赋予每个人对肖像公开的处置自由后，我们便可以进一步探究无权使用肖像侵害的是何种利益。学者 Gotting 认为肖像权保护的是在图像上展现自我的权利。这种权利实质上是自主地展现自我权利的一部分，而该权利则对此被联邦宪法法院承认为一般人格权的重要部分。如，在雷巴赫士兵谋杀案中，联邦宪法法院认为"任何人原则上均可自己独立决定是否以及在何种范围内将其生平事迹的全部或部分对外公开"。

（二）肖像权保护的客体——肖像

肖像的概念在艺术著作权法第 22 条及以下并没有规定，但法院在适用过程中都会涉及此概念的解释与适用。一般认为，肖像是由图像呈现可使人识别出本人，因此肖像的重心在于可识别性，最具可识别性的莫过于容貌，但不以此为限。图像中没有容貌或容貌模糊者，若能透过其他身体特征（如姿态、举手投足方式、体态、嗓音、特殊发型等），或身体以外的特征（如服饰、装扮、球衣背号等），或物（如赛车手驾驶的车辆或赛马者骑乘的马匹）识别出特定人时，也属于肖像。

同美国的情形相似，肖像的概念在德国也有从可识别性扩张及相似性或联想性的倾向。其中模仿是较具有争议性的问题。在德国著名的蓝天使案件中，被告在其影印机广告中使用一张模仿由 Marlene Dietrich 主演的电影《蓝天使》电影角色的照片。照片中是《蓝天使》电影的场景，但女子的容貌与 Marlene Dietrich 雷同却有差异。德国联邦法院认为，与某名人面貌极为类似之人的图像，也属于该名人的肖像，同样地，容貌虽不相似，但以其他方式，如本案中是透过电影场景，使人联想至特定名人的，也属于该名人的肖像。只是对这种相似性或可联想性的模仿所呈现的肖像的保护究竟是属于肖像权范畴，还是属于一般人格权范畴，学者之间还有争议。有的学者认为模仿呈现的是模仿者的肖像，而不是被模仿者的肖像，因此在前述蓝天使案件中，原告受侵害的应该是一般人格权，而非肖像权。

（三）肖像权的限制——当代史范畴的肖像

艺术著作权法第 23 条使用"当代史范畴的肖像"这一用语，就说明并非所有当代史人物的肖像都属于当代史范畴的肖像。必须根据肖像的内容和性质，具有相当资讯利益的才能对肖像权加以限制。当代史概念在司法中的解释与适用，着眼于基本法第 5 条第 1 项所保护的表达自由和新闻自由做何目的的解释。

当代史人物可分为绝对当代史人物和相对当代史人物。绝对当代史人物指因身世、地位、贡献、善行或恶行而远比周围的人突出、成为公众瞩目的焦点的人物。依照德国联邦法院的已有判决，被认定为绝对当代史人物的有：国家元首、政治人物、发明家、知名科学家、成功艺术家、有名演员及运动员等。相对当代史人物是指不是公众人物，因与绝对当代史人物有亲近关系，或因与当代史事件产生有意或偶然关系暂时性地成为公众瞩目焦点之人。相对当代史人物，因为成为公众瞩目焦点是与一定实践相连，因此资讯利益的考量应就该事件本身分析。值得注意的是，绝对当代史人物与相对当代史人物并非评价的起点，是利益衡量的结果。究竟属于绝对当代史人物还是相对当代史人物，是在个案中衡量冲突的基本权，即被摄影人的自主决定权与表达自由、新闻自由所保护的资讯利益决定。

（四）肖像权保护的利益——人格利益

如前所述，艺术著作权法第 22 条和第 23 条规定的肖像权从立法目的上来讲只是一种人格权。虽然第 22 条第二句可以看出立法者已经将肖像的经济利用视为自明之理，但并未对肖像权的利用权做任何规定。根据第 22 条第一句的同意要求所达成的商业利益部分的保护，只是间接、反射的，并非该法的原始目的。

德国早期实务认为肖像权所保护的是精神利益免受侵害，如名誉或隐私，代表性案例是 1910 年的 Graf Zepplin 案（齐柏林案）。本案中原告齐柏林是飞船发明人，已授权一家烟草公司以其姓名和肖像申请注册了商标，被告为另一家烟草公司，未经原告同意，以原告的姓名及半身像，向专利局申请了商标登记。帝国法院判决被告取消上述商标登记并停止任何使用。但法院在判决中对其中的财产面向只字不提，其判决理由完全基于原告因被告行为产生的道德上的损害。判决理由中这样写道："与一定商品产生联结，触犯了一个情绪敏感之人。"

三、一般人格权对肖像权的补充

对肖像权的保护而言，一般人格权的创设具有三个重大意义：一是将无权商业利用他人肖像归于侵害一般人格权的范畴。二是对肖像中财产利益的承认与保护。另外，德国一般人格权创设后，侵害肖像权情节严重的，被害人可以请求相当金额赔偿（痛苦金），对此因为涉及所有人格标识精神利益的保护问题，因此在下一节关于一般人格权承认慰抚金的部分再介绍。此处只介绍一般人格权对无权商业利用肖像侵权的承认与肖像财产利益的保护。

Herrenreiter 案是承认无权商业利用他人肖像构成一般人格权侵害的典型案例。Herrenreiter 案中，原告是一啤酒厂合伙人，并从事骑术竞赛。被告为制造增强性能力药物的厂商，未经原告同意，在其广告海报上使用摄于骑术竞赛场合之原告照片。原告请求不作为以及财产上的损害赔偿。原告主张，其仅得请求被告使用其肖像所获得之报酬，但事实上，其职业及社会地位并不允许他将肖像用来为被告的性能力药品做广告。地方法院判决原告 1 000 马克之财产损害赔偿，高等法院则将赔偿额提高至 10 000 马克。被告提起第三审上诉，但并未改变结果。本判决首次承认无权商业使用他人肖像，也属于侵害一般人格权，得依德国民法第 847 条推定的侵害自由而请求抚慰金。

在肖像财产利益保护方面，因将肖像权局限于精神利益，财产利益方面的救济途径遭阻绝。1929 年的 Tull Harder 案集中体现了肖像权人所面临的困境。该案中，被告烟草公司使用足球明星 Tull Harder 的肖像为其公司做广告。帝国法院认为原告属于当代史人物，但被告的行为没有侵害原告根据艺术著作权法第 23

条第 2 项规定的正当利益。因为以原告人格标识吸引顾客在交易上无不道德或低贱之意，不构成名誉侵害，原告无从获得救济。在随后的判例中，肖像中的经济利益逐渐得到承认。

Paul Dahlke 案是联邦法院对肖像权内涵之见解发生转变的里程碑。原告 Paul Dahlke 系德国知名歌剧及电影演员，被告 A 为新闻摄影师，因公开之目的为原告拍摄相片。原告在被告 B 的建议下，同意拍摄其骑在摩托车上的照片。被告 B 以 40 马克，将相片转让给生产摩托车的公司被告 C，被告 C 将此照片作为广告宣传之用。被告 B 以类似于此的方式骗取许多艺人的相片，并向被告 C 表示，这些艺人都同意将他们的相片用于广告。被告 C 将 18 张相片用于一张广告传单上，每一张照片下方均有提示该公司产品的短语。之后，被告 C 应原告要求，表示不再使用该照片，但拒绝原告之损害赔偿请求。原告以所有被告为连带债务人请求赔偿 2 000 马克。联邦法院判命被告等人应付 500 马克。被告不服上诉，联邦高等法院改判原告败诉。原告上诉三审，德国联邦法院恢复邦法院之判决。本案中，由于原告属于所谓当代史人物，故判决一开始讨论被告的行为是否侵害艺术著作权法第 23 条第 2 项的"正当利益"问题。对此，原审法院认为，即使该照片并无任何可争议之处，且表现方式亦无失体面，仍属于对肖像权正当利益的侵害。联邦法院对此表示赞同，认为应受保护之利益是被摄影者有权自由决定是否及以何种方式令其肖像为第三人营利目的之所用。联邦法院认为肖像权是一种具有财产价值的专属性权利，由原审法院的专业鉴定得知，知名艺人就其肖像之商业利用，大多仅在获得相当数额之报酬时才会同意。由此，联邦法院将肖像权定性为具有财产性质的专属性权利。除侵权行为损害赔偿外，联邦法院亦承认原告有权请求不当得利返还。联邦法院强调不当得利并非请求权人之财产减损，而是义务人无法律上理由之财产增加。本案中，对原告等知名艺人肖像之商业利用，原则上均须支付相当报酬，此等原应支付之报酬，因被告的擅自利用而被节省下来，故被告应返还相当于通常合理报酬的金额。由此，联邦法院明白承认肖像权具有财产权的内涵，并赋予原告侵权损害赔偿请求权与不当得利返还请求权。

第七章 比较研究的启示

第一节 基本共识

　　基于第一章所形成的问题意识，通过对反不正当竞争模式、隐私权和公开权模式以及一般人格权模式的比较考察，我们至少可以从宏观上了解这样两个共同之处：其一，比较研究对象在近代以来均在法律层面表现出对人格自治和人格尊严更大的尊重，不断拓宽受法律保护的人格利益的范围。美国隐私权是继诽谤法之后新生的保护个人私生活的新型权利，虽然以保护个人独处不受打扰的权利为出发点，但随后发展出的四种隐私侵权类型已经基本涵盖了大陆法中人格权概念欲保护的利益；德国一般人格权同样是从拓宽人格利益保护范围为出发点，以司法造法的形式将立法未承认的、应受保护的人格利益通过《德国民法典》第823条第1项的"其他权利"纳入侵权法救济范围。一般人格权被认为是一种框架性权利，其范围和内容都是不确定的，随着司法判例的累积不断丰富，使更多的应受保护的人格利益被囊括进来。其二，比较研究对象在人格标识财产利益应受保护这个基本点上是达成共识的。英国虽然还处在依赖既有法律制度的保守阶段，但从考察的司法判例来看，均是在承认人格标识财产利益基础上探索如何实现其法律保护的问题，不存在是否应对人格标识上财产利益予以保护的争论；德国联邦最高法院也已经通过判例对人格标识财产利益予以保护，并认为其属于一般人格权的范畴，只是在保护方式上仍以事后救济为主，不承认其可转让性；美国不仅在隐私权时代就已经承认人格标识财产利益，并且试图将这种利益也纳入隐私权,受隐私权保护范围所限,这种利益最终挣脱隐私权发展出独立的保护机制——公开权。公开权的诞生意义已经不属于人格标识财产利益的承认范畴,更重要的意义在于人格标识财产利益保护机制的完善。

第二节 人格标识商业利用中人格利益与财产利益的关系

一元论认为人格标识上的财产利益源自人格,且与人格不可分,是从人格的角度去探求财产利益保护的理论基础。人格标识财产利益的保护实际上是对自然人与生俱来的、人格标识商业利用权的保护。因为自然人在如何将其人格公诸于众上享有自治权利,并非因为其在创造人格标识的过程中付出了劳动。在这一认识基础上,保护财产利益的关注点在人而非劳动产品。因为人格标识商业利用违反了自然人控制其人格内涵的权利,所以侵犯了人格自治利益。以此为出发点,在人格标识商业利用问题的制度上,也是兼顾人格标识之财产利益与人格利益,将二者统一于一个制度予以保护,即德国一般人格权的一元论模式。它给予受害人救济不是基于经济利益的丧失,而是基于更基础的对其人格标识控制权的丧失。一方面可以兼顾人格利益与财产利益;另一方面也可以将人格标识的范围限制在具有人格联系的范围内。只能在公众心中唤起模糊的受害人影像的利用将不构成侵权,以避免法院以财产权概念对人格标识财产利益的无限扩张,以使得与言论自由的平衡得以内化。同时,以人格自治为财产利益的理论基础,将人格利益与财产利益于统一的制度下保护,人格标识上财产利益不具有可转让性。

二元论认为人格标识上财产利益源于劳动或分配效率等因素,是与人格分离的独立财产利益,从传统财产权理论出发探求人格标识上财产利益保护的理论基础和制度建构。相较人格自治理论向内地从人本身寻找人格标识上财产利益的理论基础不同,在传统财产理论基础上的论证总是向外地从人之外的事务,如劳动、分配效率、不当得利等,证明人格标识财产利益保护的理论。将人格利益与财产利益分别用不同的制度予以保护，即美国隐私权和公开权的二元论模式。一方面财产利益的可转让性、可继承性问题都因传统财产权理论迎刃而解，而且也使得隐私权与公开权的概念和界限都清晰起来；另一方面却不得不面临理论基础与现有制度的脱节，以及传统财产观念推波助澜下公开权的过分扩张，完全脱离人格因素考量的公开权保护使得与言论自由和社会公共利益的矛盾日趋尖锐。

第三节 现有制度的依赖和突破方式

英国、澳大利亚和加拿大的安大略省仍然以不正当竞争法保护人格标识上财产利益，其对现有制度的依赖体现得最为淋漓尽致。英国没有类似于德国人格权的制度，因此在面对人格标识上财产利益的纠纷时，首先想到的是从现有财产权制度中寻找可以借助的规则。仿冒侵权制度是最接近问题核心的现有制度，以至于到目前为止，英国法院已经通过判例对仿冒侵权制度做了丰富的、适宜于人格标识财产利益保护的解释。英国人在遵循先例上的严肃性使得其对人格标识财产利益的保护依然限于仿冒侵权制度的改造，而深受英国法影响却在遵循先例上更具灵活性的澳大利亚和加拿大安大略省，已经开始迈出突破仿冒侵权制度的脚步。

美国保护人格利益的隐私权最早是从诽谤法、著作权法中产生出来的。早期也是既包含人格利益也包含财产利益，以至于含义、界限模糊。后期通过判例的累积逐渐摒弃财产利益内涵，以保护人格利益为限，这样才使得隐私权得以最终确定，成为一种独立诉因。隐私权保护对象确定的代价便是面对基于人格要素产生的财产利益保护的无能为力，法院又不得不再次转向财产权理论。这种非人格即财产的思维方式起了作用，公开权这一名词从产生之初就被贴上财产的标签，并在判例和学说的发展中不断巩固其作为财产权的性质，最终发展成独立于隐私权的、只保护人格标识上财产利益的权利。但公开权的独立也非一蹴而就，早期仍然经历了人格标识上财产利益依赖隐私权予以保护，到对这种依附于隐私权下保护方法的质疑，再到建立独立于隐私权的二十余年的探索发展路径。直到20

世纪70年代，人格标识上的精神利益和财产利益保护的二元论模式才最终确立。这种并行的双轨式法律模式使隐私权和公开权的内涵和外延都十分清晰，各自独立发展鲜受彼此的桎梏。因此，公开权得以被公认为对人格标识财产利益保护最为完善的制度。公开权独立于隐私权并蓬勃发展，很大程度上得益于财产权的标签，财产权标签下公开权的理论论证首先建立在传统劳动学说的基础上，劳动理论也成为被广泛接受的理论。但随着公开权制度的成熟以及一些不足之处的显现，尤其公开权过于膨胀的趋势使得对公开权限制的再反思掀起高潮。就公开权的"瘦身"有两种路径，一是通过理论基础的探索，以人格利益内生性地对公开权进行限制，二是通过言论自由与公开权的利益平衡实现公开权范围的合理化。

德国人格权制度随着二战后对基本人权的重视已经初见雏形。虽然德国民法没有关于人格权的一般性规定，但德国民法、著作权法对姓名权、肖像权的规定，已经由法院通过制定法的解释与适用、对人格权保护的重视，都使得德国人格权制度有着深厚的理论根基。人格权早已被界定为与财产权不同的，保护人格利益的权利。鉴于人格权保护对象和范围的不确定性，对人格权的认识也多通过与财产权的比较得以深入。因此人格权与财产权的二分在德国严谨的思维模式下体现得最为充分。正因为如此，在面对人格标识商业利用问题时，虽然人格标识财产利益得以显现，但这种财产利益与人格本身的天然联系使得德国法官更愿意拉近其与现有人格权制度的关系。人格标识商业利用问题被置于人格权下考虑时，法院首先的态度是对这种利益的否认，再是通过精神利益保护的变相承认，最后完全承认。完全承认之后又面临难以归入现有人格权或财产权进行保护的尴尬。最终，德国法院创造性地通过将宪法基本权利引入民法创设了一般人格权制度。虽然一般人格权制度的创设并非完全是出于保护人格标识财产利益的需要，最初的动因是来源于隐私等未被现行制定法规定的应受保护的人格利益，但人格标识上财产利益的保护却全赖一般人格权才得以实现。一般人格权对财产利益的保护很难用人格权或财产权的理论进行解释，实际上这是法院突破人格权财产权二分理论建立的一种利益保护方法。在以上比较研究对象的探索路径中还有一点值得一提：无论属于普通法系的英、美，还是作为大陆法代表的德国，法官造法均起着主导作用。

比较研究最基本的品格是必须秉持一种忘形求意的精神，深入到概念和制度所欲解决的问题本身，避开概念表述可能带来的迷惑，才能准确判断所比较研究的概念或制度是否于本国欲解决的问题有借鉴意义。

英国将人格标识中的财产利益作为商誉中的财产进行保护，没有针对人格标识财产利益形成权利化的概念，要做出非权利化的判断是比较容易的。美国虽然有公开权这一概念，也将其视为一种财产权，但美国的财产权概念与大陆法中的财产权概念有所不同。大陆法中的财产权概念有其严谨的体系和具体的内容。英美法上的财产权实际上是应受保护的财产利益的综合体。就公开权而言，虽然大陆法的学者可以勉强从判例中归纳出其权利主体、客体和内容，但实际上也只是认识论意义多于实践意义。因为美国至今没有统一的公开权立法，甚至有些州仍不承认公开权，将人格标识财产利益纳入隐私权第四种侵权类型予以保护。即使在承认公开权的州，对公开权的主体、客体和内容也没有达成完全共识。所以创设公开权并为其贴上财产权标签，并不意味着公开权就是大陆法意义上具有体系性的权利。

同样，德国一般人格权也非一种权利而是披着"权利"外衣的应受保护利益综合体。鉴于我国近年来对一般人格权概念的追捧，在此有必要更仔细地掀开一般人格权的面纱。德国联邦法院司法造法产生了一般人格权，为了适应一般人格权概念，德国民法理论发展出独特的"框架性权利"类型。一般人格权作为一种框架性权利，其意义主要体现在侵权法领域，实质上只在违法性认定上具有意义。德国侵权法在侵权责任构成要件上采用四要件说，违法性是其中之一构成要件。据此，只有具有违法性的损害行为才会产生损害赔偿请求权。所谓违法性，即必须违法地损害《德国民法典》第823条第1款所规定的法益。违法性的认定，根据德国传统理论，只要没有特殊的阻却违法事由，侵害《德国民法典》第823条第1款规定的法益的行为就是违法行为。这是采用结果违法说。但结果违法的处理方法并不适用于框架性权利，框架性权利侵权的违法性采取的是"积极确定违法性"的处理方法。就一般人格权而言，积极确定违法性是指，单纯损害一般人格权的事实并不自动地指示出损害行为的违法性。要确定是否具有违法性必须进行法益衡量，通过个案考察来确定一般人格权在该案中所能到达的范围。一般人格权虽然被认为属于《德国民法典》第 823 条第 1 款规定的其他权利，但与其他类型的权利存在本质上的差异。因为一般人格权具有事实要件不确定的特征，是否构成对一般人格权的侵害只能通过权衡他人的相关权利得出结论，作为说明行为是否具有违法性的理由。

德国学者对于一般人格权的"名不副实"解释得很清楚。施瓦布就指出一般人格权只是用来指称受不同强度保护的利益综合体。一般人格权是一个包含了应受法律保护的法益的"大箩筐"，不具有权利概念应具有的规范性内涵，只是一个描述性指称。一般人格权被冠以权利之名是为了解决类型归属的问题，即，使这些利益能够被归类为民法典第 823 条第 1 项中的其他权利而得到保护。一般人格权概念的出现，是德国将侵权行为客体限于类型化权利上的独特侵权行为法结构所决定的。它是一个有权利之名无权利之实的概念，其实际意义在于确定各种人格性质的法益应受保护的原则。通过一般人格权来实现人格性质法益的保护恰恰说明在人格法益保护上，德国民法走向了一种非权利化的解决路径。

第三部分

结 论

第八章 我国民法典在人格标识商业利用问题上的解释与适用

第一节 人格标识商业利用中人格利益保护

人格标识商业利用中可能涉及的人格利益侵害包括姓名、肖像、名誉和隐私。现行法中对应的保护制度分别是姓名权、肖像权、名誉权和隐私权。人格标识诸要素如姓名、肖像等，是人格的外在表现，自然人享有是否将其人格标识商业利用的自主决定权。未经同意擅自将他人人格标识用于广告，侵害了这种自主决定权，权利人有权请求停止侵害。至于侵害这种人格利益是否可请求精神损害赔偿，则视情节严重程度而定。但法律对这种自主决定是否商业利用其人格标识的人格利益是保护的。现行法中姓名权和肖像权的保护是较成熟的，但人格标识不限于姓名和肖像，被用作商业利用的人格标识也不以此为限，还包括声音等。

一、姓名权

《中华人民共和国民法典》第一百一十条、第九百九十条、第九百九十一条一般性地规定了自然人和法人的人格权。第一千零一十二条规定："自然人享有姓名权，有权依法决定、使用、变更或者许可他人使用自己的姓名，但是不得违背公序良俗。"第一千零一十四条规定："人格组织或个人不得以干涉、盗用、假冒等方式侵害他人的姓名权或者名称权。"我国民法典中姓名权的主体为自然人。法人、个体工商户、个人合伙享有名称权。姓名权的保护对象是具有一定知名度，被他人使用足以造成公众混淆的笔名、艺名、网名、译名、姓名和名称等，以具有区别人己的识别性功能为标准。姓名权所保护的利益是姓名上的同一性利益与个性化利益。"姓名是区别人己的一种语言上的标志，将人予以个别化，表现于外，以确定其人的同一性。同一性及个性化乃姓名的两种主要功能，为法律所要保护的利益，使权利人使用其姓名的权利不受他人争执、否认、不被冒用而发生同一性及归属上的混淆。姓名体现社会上对某个人的联想及认知"。侵害姓名权的类型主要有冒用他人姓名和不当使用他人姓名两类。

二、肖像权

《中华人民共和国民法典》第一千零一十八条规定："自然人享有肖像权，有权依法制作、使用、公开或者许可他人使用自己的肖像。肖像是通过影像、雕塑、绘画等方式在一定载体上所反映的特定自然人可以被识别的外部形象。"肖像权的主体是自然人，并以肖像为保护对象。

何为肖像，法律没有明确规定。学界有两种观点，一是强调肖像所反映的自然人的面部人格标识，即肖像是通过一定物质载体反映出来的自然人面部人格标识。另一种观点认为肖像虽以面部特征为主要内容但不以此为限，应从宽解释，凡足以呈现个人外部人格标识者均包括在内。从前述比较法的考察可知，德国和美国对肖像的解释均以能从载体中识别出本人为标准，甚至有从可识别性向可联想性转变的趋势，即对肖像进行从宽解释。我国司法案例中也不乏这样的探索，如刘某诉《精品购物》案中，法院没有将肖像权的客体局限在肖像本身。在广告图画中使用经过改动的人物肖像时，因具有可识别性以及足以使公众产生误解的整体视觉效果，仍认定构成肖像侵权。法院认为肖像指个人所呈现之面貌等外部人格标识。其呈现的方法、手段或载体在所不同，可以是照相、绘画、雕塑、电影、电脑合成、纪念金币、漫画等，均属于肖像权的保护范围。肖像虽以人的面部特征为主要内容，但应从宽解释，凡是足以呈现个人外部人格标识者均包括在内。肖像须具有可识别性，即经一定方法呈现的个人容貌等须能被辨识为某个人的肖像。

原民法通则第一百条的文义解释肖像侵权责任构成要件包括：被告使用了原告的肖像；被告出于营利目的；未经原告同意；过错。各要件在案件中的具体解释适用参见本书第二章第三节第三部分。但"以营利为目的"不应该是侵权责任构成要件，只是确定损害赔偿额时的参考因素。经同意的肖像商业利用不构成肖像侵权。同意的法律性质，有事实行为说、准法律行为说及法律行为说等不同见解。鉴于同意旨在发生一定的法律效果，以法律行为说较为合理。未成年人的同意，依未成年人法律行为的一般原则，由其法定代理人同意。同意的范围，依意思表示解释方法确定。同意对肖像权人具有拘束力，无情势变更或构成对人格权的侵害或违反肖像权人信念等情形的，肖像权人不得撤回其同意。同意的举证责任由使用他人肖像者负担。

除姓名、肖像（从宽解释）外，声音、口头禅等人格标识可以使本人被识别出来，法律却没有明确提供可以适用的请求权基础。但这些人格标识也是人格之外在表现，应该属于人格权的范畴。虽然法律没有具体的规定，但司法实践中常根据《精神损害赔偿若干问题的解释》第一条第一款的规定，人格权还包括人身自由权与人格尊严权。再加之，民法通则第一百零六条第二款过错侵害他人人身、财产应当承担赔偿责任，此处的人身也包括人格权和身份权。商业利用这类人格标识造成的人格利益损害也是可以得到救济的。至于是否可以通过这两条的解释产生一般人格权则较有争议。

三、名誉权

名誉是人格标识商业利用中比较容易被侵害的人格利益。虽然我国名誉权的规定由来已久，但对名誉和名誉权的认识仍有待进一步深化。

（一）名誉

名誉有广义和狭义之分。广义上的名誉包括内部与外部名誉，狭义上的名誉仅指外部名誉。外部名誉是指他人对特定人（包括自然人和法人）的属性所给予的社会评价，因为评价者众多，判断标准具有社会相当性，因此外部名誉也可称为客观名誉；内部名誉也称为名誉感，是某人对其内在价值的评定，是主观上的感觉，如以匿名信方式诽谤侮辱他人，收信人阅读后精神痛苦，因为此信未公示于他人，信的内容只在写信人和收信人之间，因此对收信人造成的损害仅限于内部名誉损害。其中，外部名誉作为法律上名誉权保护的客体是没有争议的，但名誉感是不是名誉权之客体却有争议。史尚宽先生在其《债法总论》一书中主张名誉感是名誉权的客体；王崇敏也认为名誉权保护名誉与名誉感；张新宝先生则以名誉感能使名誉主体透过个人行为塑造自我社会人格标识并改变他人对自己的评价为由，认为名誉应具有主观性。但名誉感因人而异，若无客观名誉损害，只是个人名誉感受侵害即可主张法律上之损害，社会大众必将失去可意识的人际相处规范。虽然名誉损害案件通常涉及精神损害，精神损害因人而异，"因侵权致人精神损害，造成严重后果的，人民法院除判令侵权人承担停止侵害、恢复名誉、消除影响、赔礼道歉等民事责任外，可以根据受害人一方的请求判令其赔偿相应的精神损害抚慰金"。其中，停止侵害、恢复名誉、消除影响、赔礼道歉均不涉及个案中当事人主观感受。精神损害赔偿金依其法律性质而言，分别有填补、克服与满足等三大功能，其数额的确定根据《最高人民法院关于确定民事侵权精神损害赔偿责任若干问题的解释》第十条第一款列举的参考因素来看也是以社会一般价值评价，而非受害人的名誉感为参考。因此，名誉虽然包括名誉感，但不应将名誉感纳入名誉权保护的客体，名誉权是对个人社会评价的保护。

据此，名誉是对他人品行、德行、名声、信用等的社会评价。名誉有无受侵害，应以社会对个人评价是否贬损作为判断标准，不论行为为故意或过失均可构成侵权行为，也不以广布于社会为必要，仅使第三人知悉也足以构成侵权。名誉是社会对人的评价，具有客观性，判断是否构成名誉侵权时以客观名誉是否受贬损为据。另外名誉也涉及个人情感，具有主观性，乃主观名誉。主观名誉难以客观认定，仅在确定精神损害赔偿时，参考主观名誉额具有参考价值。

（二）名誉权

名誉权指享有名誉的权利，是人格权的一种。名誉权是体现人的尊严及价值的重要人格法益，法律予以保护。《中华人民共和国民法典》第一千零二十四条规定："民事主体享有名誉权。任何组织或者个人不得以侮辱、诽谤等方式侵害他人的名誉权。名誉是对民事主体的品德、声望、才能、信用等的社会评价。"名誉权是一种绝对权，可以对抗任何人，其基本内容是保有和保护自己的社会评价不受侵害。同时，《中华人民共和国民法典》第一千零二十五条明确列举了名誉权受限制的情形，即名誉权侵权免责事由。

人格标识商业利用侵害名誉权的情形，限于有损个人社会人格标识，降低其社会评价的情形，而社会评价是否降低也是以一般理性人的思维判断，采用客观标准。据此，将普通人人格标识用于广告宣传，但不会降低其社会评价的，当事人以不愿意其人格标识被用于商业利用为由提起诉讼的，只能提起肖像权侵权或姓名权侵权之诉，并要求精神损害救济（公开姓名、肖像给其造成的精神困扰），不能提起名誉权侵权之诉。而涉及社会评价降低的，可以名誉权侵权请求精神损害救济（社会评价降低的精神困扰）。

（三）名誉侵权行为类型

名誉侵权行为的行为方式包括：事实陈述与意见表达。事实陈述指陈述过去或现在一定的具体的过程或事态，具描述或经验的性质。意见表达是对事务表示自己的见解或立场，具主观确信，包括赞同及非议。事实陈述与意见表达的区别标准有二：可证明性和受领者的理解。是否具有可证明性仍以受领者的理解为准。

（四）名誉侵权责任构成要件

最高人民法院《关于审理名誉侵权案件若干问题的解答》中，对侵害名誉权的构成要件采用了行为人违法、受害人确有名誉被损害的事实、违法行为与损害后果之间有因果关系以及行为人主观上有过错四个要件。学理上，杨立新先生和张新宝先生均采此一见解。美国侵权行为法重述所列举的侵害他人名誉权之构成要件也与此大致相同。学者认为，侵害名誉权责任的归责原则乃过错责任原则，必须具备主观过错中的故意或过失。故意或过失的举证责任归于积极主张加害人有过失的一方。

原"民通意见"第一百五十条规定了名誉权受侵害，受侵害者要求赔偿损失的，人民法院可以根据侵权人的过错程度、侵权行为的具体情节、后果和影响确定其赔偿责任。《中华人民共和国民法典》侵权责任编第一千一百六十五条规定"行为人因过错侵害他人民事权益，应当承担侵权责任"，本条是对一般过错责任的规定，其中"民事权益"包括名誉权在内。因为没有法律特别规定侵害名誉权适用过错推定或无过错原则。因此，侵害名誉权承担过错责任。第一千一百八十三条规定，"侵害他人人身权益，造成他人严重精神损害的，被侵权人可以请求精神损害赔偿"。因此，名誉损害赔偿请求权成立的要件包括：构成要件（侵害他人名誉、造成损害、因果关系）、不具有违法阻却事由、须有故意或过失。

四、隐私权

（一）规范基础

民法典侵权责任编对隐私权被侵害者提供的救济方法包括停止侵害、排除妨害、消除危险、赔偿损失，其中赔偿损失是指精神损害赔偿。原《精神损害赔偿若干问题的解释》第一条第二款规定："违反社会公共利益、社会公德侵害他人隐私或者其他人格利益，受害人以侵权为由向人民法院起诉请求赔偿精神损害的，人民法院应当依法予以受理。"本条不仅第一次为隐私权受侵害的精神损害赔偿提供了请求权基础，而且设定了"违反公共利益、社会公德"的限制，同时也指明了出于公共利益的隐私侵权违法阻却事由。原《中华人民共和国侵权责任法》第二条第一次在法律中正式使用隐私权概念，认为隐私权是一种人格权，并明确将隐私权纳入侵权责任法的保护范围。从本条第二款对民事权益所做的列举来看，依此是按人身权、财产权的顺序列举的，就人身权的列举也是先人格权后身份权，隐私权被置于肖像权之后、婚姻自主权之前，显然是作为一种人格权予以规定。

这种立法方式在《中华人民共和国民法典》总则编继续得以沿用。

（二）民法上隐私权的概念与保护范围

虽然司法解释和立法分别就隐私和隐私权做了规定，但对何为隐私并未有相关说明。通常隐私的概念被认为具有不确定性和开放性，应随着社会的发展和科技的进步由判例和学说来处理。

从比较法的视角考察，隐私权有宪法意义上的隐私权与民法意义上的隐私权之分，宪法意义上的隐私权在于对抗国家公权力对个人隐私的侵犯，民法上的隐私权在于对抗其他民事主体对个人隐私的侵害。隐私权的概念源自美国，由美国法院通过普通法，尤其是侵权行为法创设。起源于侵权行为法上的隐私权，是为了保护个人不受他人的侵害。随后为了保护个人隐私不受国家权力的侵害，美国联邦最高法院另创设了宪法上的隐私权，将隐私权上升为宪法基本权利，以对各州和联邦法令做违宪审查。德国通过一般人格权的具体化实现个人隐私的保护，是德国联邦法院和宪法法院共同努力的结果。一般人格权在德国既是一个民法概念也是一个宪法概念，因为一般隐私权是产生于宪法基本权利（德国基本法第2条第1款）的民法概念，是宪法所保护的人格尊严的具体体现。同理，作为一般人格权具体化之结果的隐私权也具有宪法概念与民法概念的双重属性。

隐私权的这种双重属性影响下，我国也有学者提倡将隐私权提升到宪法层面，使之成为宪法性权利。将隐私权解释为宪法规定的基本权利之一，以提高其保护层次，本身无可厚非，但在我国缺乏宪法诉讼的背景下，这种权利位阶的提升理论研究意义大于实践意义，对隐私权的具体保护作用不大。我国立法虽然从《精神损害赔偿若干问题的解释》开始就有了隐私的概念，侵权责任法又再一次提出隐私权概念，但关于隐私权的权利保护体系并不清晰，厘清私法上所保护隐私权的概念、范围、权利体系等问题是学术研究更亟待努力的领域。

私法上隐私权概念的研究必须首先澄清两个问题：第一，经常被用作比较研究对象的美国隐私权（right of privacy）与我国民法典中的隐私权并非同一概念。美国法上其所称隐私权就规范功能而言，同于我国的人格权。第二，我国民法典规定的隐私权与肖像权、姓名权、名誉权一样属于人格权的范畴，虽然隐私权的保护范围相较姓名权和肖像权而言具有不确定性和开放性，但仍属于人格权的下位概念，是一种具体的人格权。

民法典正式颁布以前，我国学界对隐私及隐私权的概念缺乏共识。2002年民法典草案（第一稿）第四编"人格权法"第二十五条曾规定："隐私的范围包括私人信息、私人活动和私人空间。"但王利明主张将隐私权所保护的隐私限于生活安宁和生活秘密，排除个人信息，认为个人信息虽与隐私有交叉，但也具有不同于隐私的部分，应单独规定其保护机制。

既然隐私和隐私权的概念具有开放性和不确定性，对其做清晰的概念界定是一件难事，那么明确隐私的价值，以窥见隐私权之功能取向就实属必要。美国学者 Alan F.Westin 总结的隐私的思想功能可供参考：其一，个人自主，即使个人得有所保留，免受外界任意地监听、窥探，以对自己的事务享有最终决定权，这样方能作为独立个体存在。其二，情感释放，隐私的情感释放价值在越来越快节奏的现代都市生活中显得尤为重要，片刻的宁静和松弛状态有助于身心健康。隐私保护使个人得以暂时逃离各种社会压力和舆论监督，远离公众视线，卸下面具，面对真实的自己，这种状态下各种情感得以宣泄。其三，自我评估，即借着良知的操练，使个人重获自己，回想以往的经验，规划未来，检讨旧的思维，并决定何时何地将个人思想、感情公诸于世。其四，有限并受保护的沟通，主要是指个人以私人谈话、信件、往来等方式与其认为值得信赖之人分享秘密，这种秘密分享受保护不被公开，既使人与人之间保持适当的距离，也使人与人之间的关系得以巩固，使个人内心情感有适当的归属。因此，隐私具有重要的内在价值，对其的保护不仅有利于个人幸福感的增强，也助于社会经济发展。

从隐私的功能价值出发可知，个人自主和情感释放需要私人空间，情感释放、自我评估、有限并受保护的沟通需要私人秘密的保护，所有有碍于个人自主、情感释放和私人沟通的个人信息均不得被任意公开。因此，隐私权的保护范围包括私人秘密、私人空间和私人信息。那么，对私人秘密、私人空间和私人信息的范围又该如何确定？在比较法上美国的隐私合理期待标准可资借鉴。隐私合理期待即有事实足以证明被监察人对其通信内容或活动空间有隐私或秘密之合理期待。合理期待主要涉及的是侵入他人私生活的类型（四种隐私侵权类型之一），在认定是否构成隐私侵权时，应考察发生地点、相关题材、事务加以认定。从另一个角度讲，研究隐私权与言论自由等公共利益的界限也是厘清隐私权保护范围、界定隐私权行使界限的必要路径。

综上，人格标识商业利用侵害的人格利益通过上述具体人格权得到保护，不同人格利益侵害适用不同的人格权规则。但在整体上仍有两点值得说明：其一，侵害人格利益的民事责任方式。侵害"人格权利益"的民事法律责任方式从原告的角度而言，就是侵权救济途径的问题。我国姓名权、肖像权、名誉权、隐私权等人格利益的责任方式有：要求停止侵害、排除妨碍、消除危险、消除影响、恢复名誉和赔礼道歉。这些方式可以单独适用，也可以合并适用。停止侵害、排除妨碍、消除危险的责任方式除了以判决的形式为之外，在诉讼中既可以依当事人申请或依职权先行做出裁定，而非只有在诉讼中才可以提起这几种请求。停止侵害的作用在于及时制止侵害行为，防止扩大侵害的后果。停止侵害措施的使用应符合两个条件：一是侵权行为正在持续进行中，受害人的名誉正在遭受损害。二是只有采取停止侵害的措施才能避免侵害的继续扩大。因此，对尚未发生或已经终止的侵权行为，不适用停止侵害措施。排除妨碍在受害人因侵害而无法或不能正常行使权利时可以请求，妨碍的形态可能是实际存在，或仅是可能出现。消除危险是只要存在权利受侵害之危险时即可请求，但必须是损害尚未发生，也没有妨碍他人民事权利的行使，才可以主张。其二，人格利益的死后保护问题。死者人格利益的保护，同胎儿权利保护，乃是人身权延伸保护的概念。延伸人身法益所保护的范围，包括肖像、身体、隐私、姓名、名誉、荣誉、身份等。就目前研究状况来看，死者人格利益的保护常被放在死者名誉保护的论题下讨论。就死者的名誉保护而言，民法通则没有规定，但实务中已经予以承认。中华人民共和国最高人民法院有两个批复性司法解释，一是 1984 年 4 月 12 日《关于死亡人的名誉权应受法律保护的函》认为荷花女吉某死后名誉应受法律保护，其母陈某可提起诉讼。二是 1990 年 10 月 27 日《关于范应莲诉敬永祥等侵害海灯法师名誉权一案有关诉讼程序问题的复函》,内容为海灯法师死亡后,其名誉权受法律保护,范某为其养子,有权向人民法院提起诉讼。这两个司法解释承认了死者名誉应受保护,并认为死者也享有名誉权,死者名誉权可通过由死者近亲属提起诉讼获得保护。1993年最高人民法院《关于审理名誉权案件若干问题的解答》第五条规定:"死者名誉受到损害的,其近亲属有权向人民法院起诉。近亲属包括配偶、父母、子女、兄弟姐妹、祖父母、外祖父母、孙子女、外孙子女。"近亲属所享有的权利是对子者的名誉应受保护的保护请求权,此种权利的性质为诉权。死者没有近亲属的,有学者认为该请求权由人民检察院作为主体提起诉讼;而人身权延伸保护期限以50年为限。问题是,人民法院审理死者名誉权的判决均直接将损害赔偿金判给起诉者,并未在判决理由中说明仅享有诉权的当事人何以成为损害赔偿应受给付之主体。司法解释承认了死者的名誉权或者说名誉利益应受保护,名誉权具有专属性,不得成为继承之客体,所得损害赔偿金也属于死者的财产,扣除诉讼费用后,其余部分应按继承法的规定继承,直接判给起诉者缺乏依据,根据继承法的规定将名誉侵权的损害赔偿金作为死者遗产继承势必又将引发死者继承人之间的又一轮遗产分割纠纷。另外,2001年3月10日起施行的最高人民法院《关于民事侵权精神损害赔偿责任若干问题的解释》第三条规定:"自然人死亡后,其近亲属因下列侵权行为遭受精神痛苦,向人民法院起诉请求赔偿精神损害的,人民法院应当依法予以受理:(一)以侮辱、诽谤、贬损、丑化或者违反社会公共利益、社会公德的其他方式,侵害死者姓名、肖像、名誉、荣誉……"根据这条的规定,对死者名誉的保护实际上是保护其近亲属免于因死者名誉受损造成的精神痛苦,旨在保护死者近亲属的精神利益而非死者名誉本身。可得提起诉讼的主体就是权利主体,可享有胜诉所得的精神损害赔偿金。因此,死后名誉保护究竟保护的是死者的名誉还是生者的精神利益在最高院的司法解释之间就存在矛盾,实际上保护生者利益说,即间接说更具合理性。

经过多年的学术研究和司法累积,《中华人民共和国民法典》人格权编在第一千零三十二条和第一千零三十三条分别对隐私权和隐私权侵害行为类型进行了规定。根据民法典第一千零三十二条,自然人享有隐私权,任何组织或者个人不得以刺探、侵扰、泄露、公开等方式侵害他人的隐私权。隐私是自然人的私人生活安宁和不愿为他人知晓的私密空间、私密活动、私密信息。第一千零三十三条列举性地规定了侵害隐私权的行为。至此，隐私权的定义和保护范围有了立法规范的确认，为实践中隐私权的保护提供了立法基础。

五、人格利益与宪法基本权利的对接——卡洛琳诉德国案的启发

近年来，我国对人格权的理论研究成果颇丰，以美国和德国为重点考察对象的比较研究占据了重要的地位，在介绍、引进美国公开权或德国一般人格权制度时，从制度考察者众，从制度之外的人权角度关注者寡。实际上，人权保护历来是人格权发展的重要推手，人权保护推动人格权发展是近代一种世界趋势。下文以卡洛琳诉德国案切入，完整展现欧洲人权公约推动德国隐私权最新发展的具体路径，并进一步分析欧洲人权公约对成员国人格权发展具有推动作用的一般原理以及人权与人格权的天然联系。

（一）案件事实及争议焦点

卡洛琳（Caroline）是摩洛哥公主，会代表某种文化象征或代表其家庭参加一些公共活动，但并不能代表摩洛哥或摩洛哥政府。早在 20 世纪 90 年代卡洛琳就曾在诸多欧洲国家的法院提起诉讼，要求禁止公开出版反映其私生活的照片。卡洛琳诉德国案涉及前后三组照片陆续在德国提起的诉讼。德国的 Burda 出版公司在德国 Bunte 杂志和 Freizeit Revue 杂志上，Heinrich Bauer 出版公司在德国 Neue Post 杂志上，都分别刊登了三组照片，具体描述卡洛琳的生活情境。1993 年的第一组照片，描述卡洛琳公主与著名演员共进晚餐、骑马，与两个孩子在一起游玩或逛超市等生活情境。1997 年的第二组照片描述卡洛琳度假、骑马、与丈夫共度周末等生活细节。第三组照片包含卡洛琳穿着泳衣游泳等细节。1993 年至 1999 年间，卡洛琳陆续向德国各级法院提起诉讼，均被判定为绝对公众人物而遭驳回，在穷尽德国国内所有司法救济程序之后，2000 年卡洛琳向欧洲人

权法庭起诉德国，认为德国侵犯了《欧洲人权公约》第 8 条规定的隐私权。2004
年欧洲人权法庭判决德国违反了《欧洲人权公约》第 8 条，原、被告达成和解协
议，由德国赔偿卡洛琳 115 000 欧元。

本案的争议焦点在于，所出版的照片是侵害了原告的隐私权，还是属于新闻
自由范畴内的合法使用。新闻自由在民主社会的价值不言而喻，承载着公众知情
权等基本的宪法权利。隐私权，作为一种独处的权利，也被认为是尊重人之所以
为人的基本权利。同为基本权利，二者的关系就像是两个重量级选手对垒的拳击
赛。卡洛琳认为出版社侵犯了其隐私权，出版社认为其行为是行使"民主的守护
者"的职责，维护公众知情权之必要。法院的论证也一直围绕隐私权与新闻自由
的权衡展开。以下分述各法院在本案中判决及理由，以洞悉法院在权衡公众人物
隐私权与新闻自由时的微妙态度。

（二）德国法院的观点——区分绝对公众人物与相对公众人物之路径

在德国司法实践中，实现个人隐私权，尤其是公众人物的隐私权与社会知情
权之间平衡的方式，以区分绝对公众人物和相对公众人物为思路。虽然德国宪法
或成文法并没有规定绝对公众人物和相对公众人物的概念，但在德国司法判决和
法学著作中经常使用。欧洲的学者甚至欧洲人权法庭都曾经普遍认为，德国区分
绝对公众人物与相对公众人物的司法实践，很好地实现了人格权保护与公共利益
之间的平衡。绝对公众人物是基于一定身份地位，如总统、总理、皇室成员等，
但电影明星、演员或其他名人也可能由于出色的成就获得声望、地位成为绝对公
众人物；相对公众人物是非基于一定身份地位，是因一定事件成为公众人物。因
为绝对公众人物的身份地位，以及民主社会对政治透明度的要求，公众对绝对公
众人物的行为有更多的知情权。而相对公众人物的个人信息不得为一般公众获取，
享受着更低调的身份。

在卡洛琳案中，从德国地方法院到联邦法院再到宪法法院，都以区分绝对公
众人物和相对公众人物作为平衡隐私权和新闻自由的方式，最终认定：因为卡洛
琳为绝对公众人物，所以公众有被告知照片所反映的事实的合理利益，照片的公

开是属于新闻自由范围内的合理使用。汉堡地方法院和上诉法院，遵循传统判例规则：绝对公众人物的隐私受保护范围仅限于住宅范围内，在公众场合无隐私可言。德国联邦法院有所突破：绝对公众人物享有隐私权的范围既包括住宅范围以内，也包括住宅范围以外远离公众视线的"独立空间"（secluded place）。所谓"独立空间"，根据联邦法院的解释，是指使他人明确可知其有独处意愿，自信能够远离偷窥的目光，行为方式也与在公众场合不同的地方。在其他情形，绝对公众人物即使不是在执行公务，只是广义的生活，也不享有隐私权。联邦法院认为，卡洛琳并不能证明其是在"独立空间"内，所以，虽然照片所反映的卡洛琳并不是在履行公职，但公众仍有知道原告在哪里，以及在公众场合如何行为的合理资讯利益。德国宪法法院并未否认"独立空间"的观点，并对新闻报道与娱乐报道的区分做了一番论述：认为有些照片并不是为公众提供信息，只是娱乐公众而已，提供资讯与娱乐并非泾渭分明，有些娱乐也有提供资讯的作用，尤其是现在媒体越来越倾向于将资讯报道娱乐化，私生活成为媒体吸引眼球的重要手段，很多报道中都同时混杂着公众的资讯利益与个人的隐私利益。

综上，德国法院在区分绝对公众人物与相对公众人物的前提下，确定绝对公众人物的隐私权保护范围时，考虑两个维度：一是功能性，即所报道的事实是否有实现公众合理资讯利益、引导社会讨论的功能。二是空间性，即是否属于"独立空间"。

（三）欧洲人权法庭的态度——《欧洲人权公约》第 8 条的解释与适用

1. 《欧洲人权公约》第 8 条的解释

《欧洲人权公约》第 8 条规定："任何人都享有私人生活和家庭生活受尊重的权利；公权力不得侵犯该权利，除非是根据法律规定，或民主社会出于国家安全、公共安全、国家经济发展、阻止违法犯罪、保护他人身体或精神健康、保护他人权利和自由的需要。"

（1）"私人生活""公众人物"和"隐私权"

"私人生活"不仅包括人格要素，如姓名、肖像，也包括身心健康、独立人格的发展。因此，个体和他人之间存在一个交叉地带，即使在公共场合也存在"私生活"。个人的隐私，即使在有特定法律对其予以保护的国家，也常常受到侵犯，因为个人的私生活成了一些媒体高度获利的工具。受害人通常是公众人物，因为公众人物的私生活细节可以刺激销售。同时，公众人物也必须承认，因为其所处的特定社会地位，他们的隐私权理应受到更多的限制。"公众人物"是指拥有公共职务或使用公共资源的人，更广义地说，是在公共生活中扮演一定角色的人，包括政治、经济、艺术、社会、运动或其他领域。"隐私权"，是指个体享受自己的生活，受最小限度的打扰的权利，包括个人数据的控制管理。确定是否属于隐私的范畴时，可以从主客观两个方面考察。从主观方面可以考察当事人是否有"隐私受尊重的合理预期"；从客观方面有两个参考要素：是否属于公共事务，是否可被一般公众轻易获取。

（2）"公权力不得干涉"

"公权力不得干涉"，《欧洲人权公约》第8条规定的隐私权不仅仅保护个体免受公权力的干涉，也保护个体免受私人或组织，包括大众媒体的干涉。公权力不仅有不得干涉个人私生活的消极义务，也有应对个人私生活予以合理保护的积极义务，如赋予提起民事诉讼的可能，以确保受害者可以就隐私权受侵犯诉诸损害赔偿。

（3）《欧洲人权公约》第8条与第10条的关系

《欧洲人权公约》第8条规定的私生活受尊重的权利，与第10条规定的表达意见的自由受保护的权利，是两项处于同等地位的基本人权。这两种权利都既不是绝对的，也没有等级之分，具有同等价值。实现这两类基本权利的平衡是每一个具体案件中应努力的目标。

2. 欧洲人权法庭在卡洛琳案中对第8条的具体适用

欧洲人权法庭认为，公众人物同样享有私生活受尊重的合理预期，也不以家或住宅的范围为限，即使在公众场合也存在个人"私人生活"的情形。卡洛琳属于公众人物，但没有任何公职。一方面，所出版的照片反映的不是卡洛琳的公共活动，而是其私人生活细节。另一方面，照片反映的事实，也没有承载公众的合理资讯利益，媒体也不是在履行民主监督职责，仅仅是满足公众的好奇心而已。因此，所出版的照片侵犯了卡洛琳的隐私权。德国就绝对公众人物与相对公众人物没有明确的界限，不符合法治国家的可预见性要求；"空间独立"规则在理论上讲是贴切的，但现实中太过模糊，难以确定，受害者几乎不可能证明自己身处公共场合的"独立空间"中。德国的绝对公众人物规则对隐私权的保护范围过于狭窄，或许在对政治人物时尚可适用，但是在本案中适用是不当的，因此，德国现行的判断规则对隐私权的保护是不足的。

"公权力不得侵害该权利"，要求国家公权力除了有消极的不作为义务外，还有积极的作为义务——确保个体私生活不受他人侵犯。确定国家是否违反了积极作为义务的关键是：国家是否在个人利益与公共利益之间实现了合理的平衡。因此，卡洛琳案中的关键是：德国宪法法院是否实现了卡洛琳的隐私权与《欧洲人权公约》第10条规定的新闻自由之间的平衡。欧洲人权法庭进一步论述道，这两个基本权利平衡的关键是照片所反映的内容是否承载公共利益，即公众的知情权。所出版的照片一方面是反映了没有公职的个人的私生活，另一方面也不是在履行媒体的民主监督职责，只是为了满足特定公众的好奇心而已。因此，公开的照片中没有公共利益可言。而德国宪法法院在考虑新闻自由与隐私权之间的平衡时，没有论证所出版的照片中是否承载了公共利益这一实质问题，只是从卡洛琳的社会地位和活动空间等形式标准入手，对新闻自由保护过度，而对隐私权保护不足，因此没有实现两个基本权利的平衡，违反了公约第8条规定的保护个体隐私权不受侵犯的义务。

3. 欧洲人权法庭判决之评述

欧洲人权法庭的判决受到诸多赞誉，其保护隐私权的程度高于德国国内的水平，德国法院向新闻自由予以过多的倾斜，对私生活的保护不利。通过强调平衡私生活与新闻自由的关键在于所传播的信息中是否承载公共利益，欧洲人权法庭认为出版物所反映的信息的价值扮演着重要角色。出版自由在民主国家的重要性是无人置疑的，主要作用在于观点公开，但卡洛琳案中的照片只是为了满足特定读者的好奇心，此种情形下，对新闻自由应做限缩性解释。与德国的区分绝对公众人物与相对公众人物的标准相比，卡洛琳案中，欧洲人权法庭以两个标准判定所出版的照片中不存在公共利益：一是卡洛琳不是在履行公职，二是出版物仅仅反映了卡洛琳的私生活，与公共事务无关。这与德国的标准一样，同样很具有模糊性。如果不对公共利益做进一步的讨论，不仅使名人不能确定何时其私生活能受保护，同样也使成员国的法院难以遵守欧洲人权法庭的判决标准。卡洛琳案当然不能代表欧洲人权法庭在私权保护与新闻自由平衡上的最终观点，这一平衡点的确立需要一系列案件的积累，但却反映了一种更注重个人隐私权保护的倾向。

（四）继欧洲人权法庭的判决后德国法院态度的转变

继欧洲人权法庭的判决之后，德国联邦法院在审理类似案件时摒弃了区分绝对公众人物与相对公众人物的做法，以具体案件中是否存在公共利益为考察重点。如：卡洛琳公主的女儿诉德国一家杂志社案、脱口秀主持人照片被公开案，以及卡洛琳进一步提起的国内诉讼。以下以卡洛琳进一步的国内诉讼说明之。

德国 A 出版商在其杂志中报道已故的摩纳哥王子雷尼尔（Rainier）的病情，以及公主可能出席公国舞会，并在滑雪圣地停留。每一篇文章都附有照片，表明公主与其丈夫共度周末。B 出版商报道了公主夫妇将其度假山庄出租的事宜，并附有展现公主与其丈夫共度周末的照片。本案中，德国联邦法院采用的平衡个人隐私权与新闻自由的方法，基本与欧洲人权法庭保持一致。德国联邦法院摒弃了区分绝对公众人物与相对公众人物的做法，应用了一个分级保护的概念，以与公众的关联性来审查每一个具体案件。以逐案审查的方法分析被公开的个人信息所处的具体情境，考察信息中是否存在客观的公共利益。最终联邦法院判定，对雷尼尔的病情公众有资讯权，该报道是正当的，符合公共利益。B 出版商对度假山庄的报道侵犯了卡洛琳的隐私权，应予禁止。但是，德国联邦法院没有借机提出一个关于何为信息中的公共利益的明确界定或有价值的判断标准。即便这样，放弃区分绝对公众人物与相对公众人物的引导，同样将在德国法院产生重大影响。

因此，在《欧洲人权公约》及欧洲人权法庭判决的推动下，德国联邦法院在平衡人格权与新闻自由时摒弃了以前所采用的绝对公众人物与相对公众人物区分的标准，转而借鉴欧洲人权法庭在个案中考量公共利益的做法，从以前向新闻自由倾斜的态度转变为公正客观地寻求隐私权与新闻自由平衡的立场，一定程度上加大了对个人私生活的保护力度。那么，《欧洲人权公约》何以能对成员国人格权具有推动作用？下文试做更深入的剖析。

（五）结论兼予中国之启发

自人权法影响德国国内法以来，德国法院以欧洲人权法庭的判决为基础和补充，有许多重要的改革。显然，《欧洲人权保护公约》不仅用于保护个人权利免受公权力的恣意侵扰，而且也关涉到对私生活和家庭生活的尊重。面对欧洲人权法庭的批判，德国联邦法院最近放弃了早期关于绝对公众人物的概念，更多地关注当代的历史意义以及所公开的信息包含的公共利益。德国宪法法院也承认这种转变参考了欧洲人权法庭判例中确定的相关标准。《欧洲人权保护公约》推动德国在寻求人格权保护与新闻自由平衡的道路上向前更近了一步。虽然对公共利益还没有形成具体的判断标准，但对以前被认定为绝对公众人物的名人而言，他们的人格权无疑将受到更客观的尊重和更公正的保护。

人权保护推动人格权的发展是近代以来的历史趋势，无论是人格权的产生，还是人格权中经济利益的保护，无论是德国一般人格权的发展，还是美国隐私权、公开权的发展，无一不是人权保护推动的结果。大部分情况下是基于宪法规定的基本人权的推动，偶尔也可见国际公法上人权保护之推动。人权运动本就是个人权利与公权力的博弈，是个人寻求更多公权力保护、更少公权力干预的努力。那么，在私人权利宣言书的民法中，自然希望能以人格权的方式将各种人权运动的成果固定下来，使其进入民法坚实的确权、护权堡垒，以提供对抗公权力之有效、合理的手段。这或许就是近现代以来人格权从产生到蓬勃发展的根本动力所在。我们在关注中国人格权的发展时，除了历史的、理论的梳理，除了大陆法的、英美法的制度介绍和借鉴，同样也不能低估这一根本动力蠢蠢欲动之时可能于人格权之影响，无论是来自国际社会的还是国内社会的。个人人权意识的觉醒，必将带来更多人格权保护的诉求，我国自进入 21 世纪以来，司法实践中关于人格权诉讼的案件比例节节攀升，保护范围不断扩大即是最好的例证，而且这种趋势不会减缓只会加速，人权保护推动民法中人格权制度发展是世界趋势，我们民法典人格权编也充分体现了与宪法基本权利的对接。人格权编的解释与适用需进一步正视这一趋势，正视人权保护与人格权的天然联系，以人格权实现人权保护的具体化，以人权保护的最新思路引导人格权编解释的合理性。

第二节 人格标识商业利用中财产利益保护

一、人格标识商业使用权与标表型人格权的剥离

基于康德财产理论，人格标识商业使用权是一种具有人格利益的特殊财产权。理顺人格标识商业使用权与标表型人格权的使用权能之间的关系，是解释民法典第一千零二十一条规定肖像的"许可使用"的关键。

标表型人格权作为传统人格权，是权利人基于姓名、肖像和声音等人格标识享有的权利，以姓名权和肖像权为代表。标表型人格权的权利对象是内在的自由，其权能包括决定、变更和使用的自由。姓名、肖像等人格标识具有同一性功能和个性化功能。同一性功能决定人格标识与个体的稳固联系，防止民事主体之间的混淆。个性化功能是为了防止人格标识指代的民事主体与物之间的误导性联系。标表型人格权与尊严型人格权的不同之处在于具有使用权能。人格标识商业使用权虽然是从标表型人格权的使用权能中衍生而来的，但二者之间是重合、交叉还是独立？下文将以人格标识使用的类型及不同类型下的利益需求为视角，观察整理二者的关系。

人格标识的使用以是否具有商业目的为标准分为非商业使用和商业使用。此类划分有助于研究人格标识上财产利益和非财产利益。按照使用主体不同可分为

本人使用和他人使用。此类划分有助于研究人格标识积极使用和消极使用。结合上述对人格标识积极使用和消极使用、商业使用和非商业使用两个标准，人格标识的使用可以分为以下四种类型：本人非商业使用人格标识、本人商业使用人格标识、他人非商业使用人格标识、他人商业使用人格标识。其中，他人非商业使用和商业使用又将分别细分为经同意的使用和未经同意的使用。以下将回归至具体法律关系的视角，基于人格标识的同一性功能和个性化功能，逐一检视各类型下当事人所聚焦的民事权益。

（一）本人非商业使用人格标识

本人非商业使用人格标识是不以获得财产利益为目的的使用。此种使用是基于人格标识的同一性功能，以人格标识与主体相连为目的。其涉及的权益是传统意义上人格权保护的自然人对姓名、肖像等的使用自由，即权利人自由决定是否使用以及如何使用本人人格标识的权益。本人非商业使用属于标表型人格权保护的使用权能，当无异议。

（二）本人商业使用人格标识

本人商业使用人格标识是以获得财产利益为目的的使用。此种使用基于人格标识的个性化功能，将人格标识与特定商品或服务相连，实现个性化人格标识的促销价值。如，将个人肖像用在自己的商店招牌或商品包装上，或为自己的产品代言。本人商业使用人格标识是以人格标识的使用为手段，利用个性化识别功能促销商品，实现财产利益为目的。内在自由的精神性需求已经十分微弱而间接，更直接的是对人格标识上财产利益的需求。本人商业使用人格标识继续纳入标表型人格权的调整范畴，将陷入传统人格权被颠覆或财产利益保护不充分的两难。所以，本人商业使用人格标识已经远离了标表型人格权的使用权能，更接近财产权的保护范畴。

（三）他人非商业使用人格标识

他人非商业使用重在发挥本人人格标识的同一性功能，使人格标识与本人相连。对姓名而言，其本身就是为实现同一性功能而生。姓名作为一种符号，自产生之日起就为着让他人使用的目的。他人非商业使用姓名一般都是正当使用，无须特别征得本人同意，不涉及对姓名权使用权能的侵害。但以下两种情形除外：（1）涉及本人的隐私权、名誉权的侵害。此种情形是以姓名的使用为手段，侵害了自然人隐私或名誉等人格利益。（2）冒用。冒用他人姓名是以实现主体身份混淆为手段，以实施法律行为或侵权行为为目的。冒用他人姓名实施的法律行为的效果相当复杂。冒用实施侵权行为视侵害权益的不同，适用不同的请求权基础。上述两种情形下虽侵害姓名权，重点却不在姓名权。对肖像而言，已经征得本人同意的非商业使用，属于肖像权使用权能的范畴；未征得本人同意的非商业使用，属于对肖像权人使用权能（是否公开的决定自由）的侵害。所以，他人非商业使用人格标识只涉及本人决定是否使用以及如何使用人格标识的决定自由，属于标表型人格权的使用权能。

（四）他人商业使用人格标识

他人商业使用是发挥人格标识的个性化功能，使本人与特定商品或服务相连，通过本人人格标识的促销价值实现商业目的，获得人格标识所承载的财产利益。以是否征得本人同意为标准可以分两种情形：一是他人经本人同意后商业使用人格标识；二是他人未经本人同意商业使用人格标识。第一种情形下，无论本人是否收取许可使用费（通常收取许可使用费），使用都聚焦在人格标识上的财产利益，保护决定自由的标表型人格权与当事人预期不符。

他人未经同意擅自商业使用本人的人格标识，又被称为盗用行为。盗用与冒用的不同之处在于：前者利用人格标识的个性化功能造成本人与商品或服务的误导性联系；后者利用人格标识的同一性功能造成本人与他人身份识别的混同。盗用类似于无权处分他人财产但情况更复杂：可能涉及财产利益损失，或决定自由等人格利益的侵害，或二者兼有之。分别对应以下三种情形：第一种情形是本人对人格标识的公开以及与产品或服务相连并无异议，只是对未获得人格标识上的财产利益有异议。这就类似于所有权人因无权处分行为遭受的损失，是一种财产权被侵害的损失。第二种情形是本人不愿意将人格标识公开或用作任何商业用途。这是决定自由等人格利益的损害。第三种情形是本人不愿意未经同意就将人格标识公开或用于商品（服务）的促销，更不愿因此丧失财产利益。这种情形既有人格标识决定自由的侵害，也有人格标识上财产利益的损害。据此，他人未经同意商业使用人格标识依然是聚焦于人格标识上的财产利益，但可能涉及本人的决定自由等人格利益。

人格标识使用类型及所涉及的利益如下表所示：

	本人使用	他人使用	
		经同意	未经同意
商业使用	财产利益	财产利益	财产利益（决定自由）
非商业使用	决定自由	决定自由	决定自由

综上，人格标识非商业使用涉及承载决定自由的传统标表型人格权。人格标识非商业使用虽然主要涉及财产利益，也可能涉及人格利益。研究人格标识商业利用问题必须将其放在人格权与财产权统一视角下。得出的结论是：人格标识非商业使用关乎民事主体的决定自由，决定是否以及如何使用人格标识，属于标表型人格权的使用权能，被侵害时基于人格权请求权寻求救济。标表型人格权的使用权能应当做限缩性解释，限缩于非商业使用。人格标识的商业使用虽然基于人格标识的使用自由，但已经远离了人格权的范畴，成为一种独立的财产权——人格标识商业使用权。正如所有权虽然基于对物的使用自由，但却是一种财产权一样。基于人格标识与民事主体的稳定联系，人格标识上的财产利益与物权和知识产权保护的财产利益不同，人格标识上的财产利益不能完全脱离个体而存在。所以，人格标识商业使用权是一种依托于人格权并具有人格利益的特殊财产权，被侵害时适用财产权请求权基础。这与不同视角的学理研究结论不谋而合。民法典第一千零二十一条的"许可使用"仅限于商业使用。

二、人格标识商业使用权的权利构造

（一）人格标识商业使用权的主体

人格标识商业使用权的主体是自然人。法人名称上的财产利益，由法人名称权进行保护。基于人格标识与自然人天然的、稳定的联系，自然人作为人格标识商业使用权主体的资格是与生俱来且不附加任何条件的。具有知名度的人格标识以及曾经被商业使用的人格标识更容易显现出财产利益，但不能以此否认不具有知名度或未曾商业使用的人格标识上的财产利益。未经授权擅自使用普通人的人格标识本身足以说明该人格标识上具有财产利益。知名度或曾经财产性使用不是人格标识商业使用权的成立要件，只是确定损害赔偿额时的考虑因素。人格标识商业使用权是自然人支配其人格标识上财产利益的权利，一切自然人生而有之。

（二）人格标识商业使用权的权能

人格标识商业使用权的权能包括两个方面：本人商业使用和许可他人商业使用。人格标识商业使用权可以通过本人商业使用、许可他人商业使用得以实现。自然人本人商业使用人格标识的情形已不鲜见，比如个体工商户将自己的肖像和姓名用在商店招牌或产品包装上等。最频繁进入民法视野的通常是人格标识的许可使用。协议双方当事人就许可使用的内容、期限、方式、范围等做出约定。使用者超出约定范围的使用，产生违约责任请求权与侵权责任请求权的竞合。

人格标识的许可使用方式有独占性许可使用和非独占性许可使用之分。独占性许可使用又称为排他性许可使用，是权利人在许可协议中承诺不再许可其他任何人使用，本人也不得在约定期间和范围内使用。独占性许可并非只能向一个民事主体做出，多个独占性许可之间约定明确范围且互不交叉冲突时，权利人可以同时与多个人签订独占性许可协议。非独占性许可是权利人针对相同或相似内容许可他人使用时约定同等内容可再许可其他人使用。独占性许可中的许可使用人享有排除第三人擅自使用的权利。非独占性许可中的许可使用人不具有排除第三人擅自使用的权利。

在这个同质化现象严重的市场环境中，企业有自身的特色才能增加竞争力。很多企业通过明星独家代言确定品牌的差异性，加强消费者对品牌的认知。在独家代言期间如果第三人未经同意擅自使用明星人格标识为其产品代言，除了明星本人能以人格标识商业使用权被侵害为由提起侵权之诉外，获得独家代言的企业以及明星所在的艺人公司是否有权向侵权人提起诉讼，以及基于何种请求权提起诉讼，是另一个值得进一步专门研究的问题。

（三）人格标识商业使用权的客体

人格标识商业使用权的客体是自然人的人格标识，包括肖像、姓名和声音。

1. 肖像

我国民法典第一千零一十八条第二款以可识别性标准对肖像做了广义的定义，包括一切通过影像、雕塑、绘画等方式在一定载体上所反映的特定自然人可以被识别的外部形象。肖像不仅指脸部形象或正脸的身体形象，也包括其他身体特征，如形体动作、背影、侧影以及其他具有独特性的能让人识别出自然人的特征。

2. 姓名

关于姓名的外延，我国民法典第一千零一十七条将其扩展至笔名、艺名、网名等，但要求必须具有"一定社会知名度"并且"足以造成公众混淆"。绰号能否作为人格标识商业使用权的客体？绰号只要满足具有一定社会知名度并足以造成公众混淆的要件，就能成为人格标识使用权的客体。因为绰号虽不是真实姓名，既然侵权行为人使用了权利人的绰号并足以让公众认为权利人与促销商品之间的联系，就足以构成人格标识商业使用权侵权。

3. 声音

我国民法典第一千零二十三条第二款确定了声音是人格标识商业使用权的客体，并明确可以参照肖像权进行保护。擅自使用他人声音构成人格标识商业使用权的侵害。使用模仿的声音进行产品促销是否构成对被模仿者声音上财产利益的侵害？声音与肖像一样具有可识别性，如果模仿的声音会让大众误以为是被模仿者的，实质上也就构成对被模仿者声音的盗用，侵害了被模仿者的人格标识商业使用权。

综上，基于人格标识商业使用权与人格权的天然、稳定联系，民法典将人格标识商业使用权放在民法典一编具有合理性。实现了承认人格标识财产利益基础上对传统人格权精神内核的坚守。民法典第一千零二十一条规定的"许可使用"仅适用于人格标识商业使用的情形，独立于标表型人格权的使用权能。该条适用于所有自然人，不受是否具有知名度或是否曾商业利用的限制。"当事人对肖像许可使用合同中关于肖像使用条款的理解有争议的，应当作出有利于肖像权人的解释"以及第一千零二十二条对人格标识商业使用合同中的解除和解释做的特别规定，同样源于人格标识商业使用权是具有人格利益的特殊财产权。第三人盗用已被授权用于商标、企业名称、独家代言的人格标识时，人格标识商业使用权与知识产权法、反不正当竞争法如何协调适用是值得进一步研究的问题。

三、人格标识许可使用合同的解释与适用

（一）合同理论基础再探讨

合同因何具有拘束力？对此问题的讨论历时千年。合同拘束力的理论基础是整个合同制度的基石，也是定义合同概念的内涵和外延的前提性问题。不同合同制度设计背后隐含着对合同因何具有强制力这一理论问题的不同认识。考察合同何以具有拘束力，首先应厘清合同是什么，至少应明确在合同概念内核上已经达成共识的部分。

1. 合同概念中的共识

究竟什么是合同一直是我国民法学界理论认识的薄弱环节。反观合同法在适用中的诸多问题（如好意施惠是否成立合同？家庭成员间的协议是否成立合同？），其最终症结都在于对合同是什么以及合同何以具有拘束力这一基本问题没有厘清。统观英美法和大陆法，提炼出对合同概念之共识至少有以下三个方面。

（1）建立法律关系之目的

建立法律关系之目的，即要求当事人有产生法律拘束力的意图。据此，某些协议会因不具有设立法律关系的目的不能称其为合同。如，好意施惠、自愿救助。至于如何判定当事人是否具有受法律拘束的意思，法院通常使用的判断标准是当事人身份标准或称之为情境标准。如家庭生活协议中的当事人一般被推定不具有受法律拘束的意思；经济领域的协议则通常被推定当事人具有受法律拘束的意思。

（2）建立法律关系之合意或意思表示

建立法律关系之合意或意思表示均是对当事人意思自治的关注。只是强调合意者更注重当事人意思的实质一致，强调意思表示者更注重当事人意思的形式一致。强调意思表示者，虽然合同的基础依然是合意（协议），但更强调合意的客观表示。对合意的解释也更为宽泛，既包括一方当事人欲受法律拘束的意思，也包括当事人由这种意思产生的表示行为。二者本质基本相同，即强调当事人合意。它们都视合同为旨在设立具有拘束力的法律关系的合意，或强调当事人内心真实意思，或强调当事人的意思表示。二者均强调合同需具有受法律拘束之目的，只是在对当事人意思的态度稍有不同。前者更注重当事人意思之实质一致，以侧重当事人订立合同时的主观意思；后者更强调当事人意思之形式一致，侧重当事人表示出来的客观意思。这种区别，在解释当事人之间是否具有受法律拘束之目的，以及对合同之具体内容产生分歧时，足以显示其"差之毫厘，谬以千里"之力量。但这种主观判断标准与客观标准的区别也并非绝对的，常常在解释合同时交叉运用。

（3）当事人之间的经济性对价

对价理论本是英美合同法的基石，其理论基础是互惠互利的经济交往原则。但因为合同法乃市场经济最集中直接的规则体现，大陆法国家也十分重视。在欧盟合同法整合中就多次将对价作为定义合同的核心要素。欧盟既有法中还有诸多文本倾向于视合同关系为一种互惠关系，比如，在定义合同主要事项时，常常涉及以什么作为的回报，无论是金钱的还是非金钱的。以下试略举一二例说明之。远离营业所磋商的合同中保护消费者的指令第 1 条规定："该指令适用于销售商为消费者提供产品或服务的合同。"关于邮购合同中消费者保护指令的第 2 条规定，"邮购合同"是指在销售者和消费者之间签订的关于产品和服务交易的合同。布鲁塞尔国际旅游合同公约中，从第1条对本公约适用范围的规定中也可以看出，旅游是一方支付对价，另一方提供服务的合同。无独有偶，关于国际货物买卖的维也纳公约虽然没有对合同予以定义，但从其对货物买卖合同的定义中可以看出，该公约关注的依然是合同当事人之间的互惠交易。由于这些文本大多以调整商事领域的经济生活和商业交易为目的，他们均以交换作为合同之核心要素，视合同为一种建立在互惠原则基础上的经济性概念。

2. 合同拘束力之伦理基础

以建立法律关系为目的的合意或意思表示何以具有拘束力？或者说何以能产生法律规定之债？这一古老话题讨论的是合同拘束力的基础，也反过来影响对合同是什么的认识。对此，有各种不同的答案。从伦理层面观察，最值得研究的是以法国民法为代表的道德观点和以英国法为代表的经济观点。道德观点认为，承诺的拘束力源于道德，即一个人说出的话在道德层面应受其约束。这种观点自中世纪教会法中产生，由自然法学派发扬光大，在以法国为代表的大陆法合同概念中盛行。经济观点认为合同是实现价值交换的最有效手段，在以英国为代表的普通法合同概念中盛行。

合同强制力源于言出必行的道德标准的观点与法国更重视当事人行为的道德性契合。法国学者将合同之债界定为只有在当事人自愿加入时才产生，合同的拘束力不是源于法律直接规定，而是由合同当事人协议产生。这一观点对法国合同概念影响至深，至今仍常被引用。法国合同概念基本上抛弃了以经济交换为基础，转而以合意之交换为基础。虽然后来经济学家重新强调以交换为基础对合同进行分析，但仍将经济交换作为当事人意志的体现。实质上，仍是以经济交换之名行道德标准之实。与此同时，合同强制力源于经济交换的观点则与英国重功利主义的传统契合。在英国经济交换的社会实践对合同有实质性的影响作用，英国合同法就是基于经济模型产生。英国法院一般不处理非经济交易合同。因为经济诉讼在英国占主导地位，伦理观念的角色就要轻得多。同时，受英国影响的美国合同法也同样首先以经济分析方法研究合同（如"效率违约"），这也对英国学术界产生了很大的影响。

正是由于对合同强制力之伦理基础认识的不同，以法国为代表的大陆法坚持合同必须适当、准确履行，法国合同法坚持合同允诺的准确履行，以英国为代表的普通法则强调当事人有权在履行合同允诺与支付违约金之间自由选择，即将其视为一种可选择之债。如霍尔姆斯认为，普通法中履行合同的义务意味着，如果没有履行将支付赔偿金，除此以外别无其他。也正因为如此，诉诸道德的问题，如欺诈、重大误解或善意，在法国比在英国更容易被接受。即使英国有衡平原则，那也是更多地建立在经济标准的基础上，而非抽象的道德判断。对道德观点的重视程度不同，也可以说明，为什么英国法没有承认如惩罚性损害赔偿等条款（惩罚性赔偿是对不履行允诺的一方当事人的惩罚），以及为何英国法更多地关注经济效果。同样，英国法也更倾向于允许当事人保护自己的利益，更少关注当事人之间的不平等，尤其是在信息披露和技术告知方面（但在消费者保护中有例外，如1977年的不公平合同条款法案）。比较而言，法国合同法更"道德"也更教条，英国合同法更"经济"也更实际。

3. 主客观要素：自由意志与法律规定

合同何以具有拘束力？何以诉之履行或不履行之损害赔偿？19世纪合同法认为合同拘束力源于基本的自由主义原则，即个体有权以自由意志决定其将来的行为，法院对这种自由也必须予以尊重。在一个自由的社会，意思自由是基础。没有一个人会违背自身意思受合同的拘束。合同自由原则赋予个人决定是否订立合同以及决定合同内容之权利。自由意思是合同拘束力的充分要件。这是自由意志的集中表现，是肯定意志之创设力。强调意志重要性的哲学基础是人的自由，其经济基础是自由放任主义经济观点，其道德基础是人应当言而有信。最后即在合同上体现为：个人可以自己决定是否参加某种法律关系。

以当事人缔结合同的意思是英美法和大陆法共同认可的判断合同是否成立的标准。在法国，原告搭乘被告开的车，约定分担一定的路费，途中发生交通事故。

争议的焦点是原告和被告之间是否成立运输合同。最后法院以当事人之间不具备订立合同的意思表示为由，认为分担差旅费的协议不足以成立合同。在英国，一个搬运工开车顺便搭载其他几个搬运工到他们工作的地点，并约定搭乘者每周支付 5 到 10 先令。有时也以雪茄或啤酒代替，在搭乘者没钱时，也就不用支付。争议焦点是车主和搭乘者之间是否超出了社会协助的范畴而成立运输合同。法院认为顺便搭载的协议不具有缔结合同的意思，因此合同不成立。在德国，原告和被告成立了一个以博彩为目的的团体，每周他们将资金凑齐交给买彩票较方便的被告，由被告在上班途中按他们事先约定的号码购买彩票。但一次被告未按照他们事先约定的号码买彩票，而是用了另一组号码，恰巧，他们事先约定的号码本可中头奖。于是，原告将被告起诉至法院要求赔偿损失。本案的焦点是原告和被告之间关于购买彩票的协议是否是合同。法院认为购买彩票的协议不具有缔结合同的意思，因此合同不成立。同样英国另有一个案例，夫妻俩在感情好的时候约定丈夫每月给予妻子一定数额的零花钱。后双方离婚。离婚后妻子依然要求丈夫按先前约定支付这笔零花钱并起诉至法院，法院最终判决妻子败诉，认为夫妻之间约定丈夫每月给予妻子零花钱的协议没有缔结法律关系的意思，不成立合同。要确定是否存在受法律拘束的意思，需要对当事人的意思做合理解释。我们通常不容易确定当事人之间是否有建立法律关系，尤其是建立合同关系的意思。

但意志自由必须受到客观因素（法律规定）的影响。法国民法典是在自由放任主义盛行时期制定的。法国民法典第 1134 条规定：依法成立的合同对当事人具有同成文法的效力。但第 6 条也规定：合同不得违反公共政策和善良风俗。由此说明，意思仅在法律范围内有价值，是法律赋予意思表示强制效力。合同拘束力取决于主观因素（意思）与客观因素（法律）二者的结合。更确切地说，合同拘束力不是源于意思，而是源于法律，没有法律制度的保证，合同仅是一种道德义务，不是没有意义，只是不能充分地、有保障地得以实现。法律规制合同的整个签订过程和成立生效要件，目的在于最大限度地保护当事人、第三人以及公共利益。

大陆法和英美法均认可当事人意思与法律之间应达成平衡。但 19 世纪后半期，随着意思自治在国际上被提升到信仰的高度，甚至有人提出："意思表示达成一致的合同就是公正的。"公平交易不会被作为一项独立的原则，自由的交易就是公平交易。但这种境况并未持续太久。1770年到1870年期间是合同自由时代，但是在1870年到1970年期间是合同自由的下降时期，以古典体制的毁灭与以信赖为基础的责任复兴为标志。

关于合同拘束力的基础的理论虽然很多，但当事人意思在契约形成过程中的作用依然不可忽视。"意志理论"现在受到了诸多摒弃，比如我们要求承诺的意思与其意思表示一致时，具有拘束力的实质上是当事人"表示"而非当事人的内在意思。但意志理论从未得到根本性动摇。主客观因素（自由意志）在不同国家和地区所受的关注不同，但主观要素（自由意志）和客观要素（法律规范）两个维度始终是交织在一起的。现代合同法是围绕这两个轴心建立，这点毋庸置疑。

4. 当事人意思：允诺人抑或被允诺人视角

当事人意思是合同必须关注的主观要素，但是究竟是更关注允诺人的意思，还是更关注被允诺人的意思，则因时因地有所不同。

关注允诺人意思的学者认为合同之债是允诺者意志的产物，因此必须予以承认并赋予强制力。一些现代学者将其概括为"允诺理论"，即个体在道德上应履行允诺，因为请求他人磋商的允诺会给他人一种这一允诺会履行的预期。主张允诺理论者同样承认"允诺理论"面对合同中的很多问题依然无能为力，比如允诺理论不能解释为什么当允诺人在做出有根本错误的允诺时，可以中止允诺的拘束力？为什么当履行不能时可以中止允诺履行？如此这般的"空白"不得不由其他原则予以满足，如公平原则、信赖保护原则或适当的风险分担原则。

关注被允诺人意思的学者认为一个允诺只有在其试图要求被允诺人以相应允诺作为回报时，才具有拘束力。基于此产生了普通法中盛行的"议价"（bargain）原则。但议价原则也有其弊端，并因此被一些法院摒弃。比如在美国有些案件中即使没有相应的回报，允诺也被认为具有拘束力，甚至产生了允诺禁反言原则。允诺禁反言原则的基本内容是：如果另一方当事人信赖此允诺，并据此信赖有实际作为时，该允诺不得"反言"。同时，信赖原则也更强调信赖利益而非履行利益。关于信赖利益的论述可以追述至《合同损害赔偿中的信赖利益》一文，本文中的论述被认为是现代信赖理论的起源。信赖理论虽然备受欢迎但远未臻于完善。但该理论的核心要素是清楚的，即合同责任的产生必须具备以下要件：（1）某人以文字明示做出承诺或以某种行为暗示做出承诺；（2）他人信赖此允诺；（3）他人因此信赖遭受了损失。上述构成要件主要基于道德诉求和现代社会化的法学理论。法院无须求证允诺人的意图，只需判断允诺人是否以某种明示或行为做出了允诺，以及一个合理人是否足以在具体情形下信赖此种允诺。信赖理论不是要告诉人们不要信赖他人，相反是要鼓励人们坚信自己的判断。盛行于欧洲大陆的合理预期理论与信赖理论很相似。合理预期理论认为合同的拘束力是建立在确保被承诺人安全的基础上的，"我们很难接受一个人因对他人的信任而被愚弄"。该理论十分强调合理预期在债形成中的作用。如果我们从被允诺者的立场看问题，在单方允诺的场合，因为没有被允诺人，那合同的拘束力就没有讨论的必要。

综上，有些学者认为是允诺本身产生了义务，另一些学者将关注点从允诺人转向被允诺人，认为赋予合同拘束力的不是允诺人的允诺而是被允诺人的信赖。我们不得不承认，合同法纷繁复杂的理论不可能由任何一个单一的"原则"作为其基础，只有各理论互补融合方能形成统一巩固之合同基础。

（二）合同内涵的变迁

合同概念是整个合同制度的基石，也是我国合同法研究的薄弱环节。对合同概念内涵的研究，既有助于我们进一步认识合同制度的调整范围，也有利于我们深入了解各种人格标识许可使用合同立法之缘由。下述研究分两个层面进行，一是传统意义上的合同概念，即最典型的合同概念；二是合同概念的近现代发展。考察对象既包括大陆法系主要国家的法律，也包括欧盟既有法（欧盟既有法一词是对 Acquis Communautaire 的翻译，指欧盟已经形成的各种超国家文本的总称，包括 PECL、DCFR、欧洲消费者权利保护指令等等）。

1. 传统意义上的合同概念

合同一词，无论是在主要大陆法系国家还是欧盟既有法中，都有两种意义上的使用。一是作为一种协议，即产生权利义务的当事人之间的合意。如：当我们提及"合同的成立"时，即指作为协议（或合意）的合同。第二种意思，是指合同文本。下文的讨论对象仅限于第一种意义上的合同。

（1）合同是以建立法律关系为目的的合意

诸多大陆法系国家视合同为当事人通过要约和承诺达成一致的合意。但这种合意本身并不是合同成立的充分条件。法律还要求当事人有产生法律拘束力的意图。采取这种定义方式的国家有法国、意大利、荷兰、丹麦和瑞士。法国民法典第 1101 条规定："合同是一个或多个当事人与另一个或多个当事人签订的，转让某物、作为或不作为某事的协议。"意大利民法典第 1321 条："合同是双方或多方当事人以设立、变更或终止财产法律关系为目的而订立的协议。"荷兰民法典第 6：213 条规定："合同是一种多方法律行为，某个或多个当事人以此来约束自己。"瑞士债法第 1 条规定："当当事人互惠地通过协议表达他们的合意时，合同成立。"本条没有对合同做一个明确的界定，但指出合同是当事人合意的结果。

无论以上法律文本界定的合同定义从字面上看是否明确，这些国家都要求合同的成立必须同时具备两个要件：一是当事人之间的合意；二是以产生法律效力为目的。据此，某些协议会因不具有设立法律关系的目的不能称其为合同。如，好意施惠、自愿救助。至于如何判定当事人是否具有受法律拘束的意思，法院通常使用的判断标准是当事人身份标准或称之为情境标准。如家庭生活协议中的当事人一般被推定不具有受法律拘束的意思；经济领域的协议则通常被推定当事人具有受法律拘束的意思。

（2）合同是能产生法律效力的意思表示

这种对合同的定义同样强调当事人的合意和当事人受法律拘束的意思。虽然合同的基础依然是合意（协议），但更强调合意的客观表示。对合意的解释也更为宽泛，既包括一方当事人欲受法律拘束的意思，也包括当事人由这种意思产生的表示行为。采取此种定义方式的代表国家是德国。《德国民法典》第 311 条第一段规定："拟以某一法律行为创设债或变更债之内容，需要双方当事人订立合同，法律另有规定的除外。"德国法理上一致认为合同是当事人意思表示一致的结果，并且区分合同成立要件和有效要件。英国法中，合同是一个或一组具有法律执行力的允诺。英国同样有代表性案例以受法律拘束的意思和合意这两个要件作为判定合同是否成立的必要条件。传统普通法中，成立合同的基础是要约和承诺的合致。19 世纪以来，法院也增加了"以受法律拘束为目的"这一标准。

以上两种定义虽然在表述上略有不同，但本质基本相同，即强调当事人合意。它们都视合同为旨在设立具有拘束力的法律关系的合意，或强调当事人内心真实意思，或强调当事人的意思表示。二者均强调合同需具有受法律拘束之目的，只是对当事人意思的态度稍有不同。前者更注重当事人意思之实质一致，以侧重当事人订立合同时的主观意思；后者更强调当事人意思之形式一致，侧重当事人表示出来的客观意思。这种区别，在解释当事人之间是否具有受法律拘束之目的，以及对合同之具体内容产生分歧时，足以显示其"差之毫厘，谬以千里"之力量。但这种主观判断标准与客观标准的区别也并非绝对的，常常在解释合同时交叉运用。

（3）合同是以互惠互利为基础而达成的协议

这种定义方式，是从欧盟既有的相关法律文本中提炼出来的。欧盟既有法中没有一般性的合同概念，大多文本都只是对具体合同做了定义。如欧盟委员会关于包价旅游的指令第 25 条界定合同为"拘束消费者与组织者的协议（agreement）"。该文本采用了限制性的方法定义合同，将合同限定为对消费者和组织者具有法律拘束力的协议。但这一定义显然不能一般化，只能在具体文本和具体领域中使用。欧盟既有法中还有诸多文本倾向于视合同关系为一种互惠关系，这类似于英国的对价原理。比如，在定义合同主要事项时，常常涉及以什么作为的回报，无论是金钱的还是非金钱的。以下试略举一二例说明之。远离营业所磋商的合同中保护消费者的指令（Council Directive 85/577）第 1 条规定："该指令适用于销售商为消费者提供产品或服务的合同……"根据欧洲议会和欧洲委员会在 1997 年 5 月 20 日通过的关于邮购合同中消费者保护指令（directive 97/7/CE）的第 2 条规定，

"邮购合同"是指在销售者和消费者之间签订的关于产品和服务交易的合同。布鲁塞尔国际旅游合同公约中，从其第1条对本公约适用范围的规定中也可以看出，旅游是一方支付对价，另一方提供服务的合同。无独有偶，关于国际货物买卖的维也纳公约虽然没有对合同予以定义，但从其对货物买卖合同的定义中可以看出，该公约关注的依然是合同当事人之间的互惠交易。

欧盟既有法中找不到关于合同的抽象的一般性定义是因为这些超国家文本都是以鼓励特定领域的商业交易为其根本目的。如何给合同下一个一般性的定义并不是这些文本关注的重心。但从各具体文本中界定的具体合同来看，由于这些文本大多以调整商事领域的经济生活和商业交易为目的，他们均以交换作为合同之核心要素，视合同为一种建立在互惠原则基础上的经济性概念。

2. 合同概念的近现代发展

在传统合同概念中，合意和互惠是两个最基本的要素。如果说强调合意是法律对当事人意思表示是否一致的形式上关注，那么合同是否建立在当事人互惠的基础上则是法律对合同实质公平的关注。近现代合同概念的发展则主要体现在对合意要件或互惠要件的宽容和灵活处理上。

（1）非互惠的合意

非互惠的合意满足当事人以产生法律拘束力为目的的意思表示一致这一形式要件，但不符合当事人互惠互利的实质要件。这种合意是不是合同？这在很长一段时间，直至现在都是有争议的。非互惠的合意的最典型代表是赠与合意。视赠与为合同的代表国家是德国和法国。在德国和法国，受赠人承诺并以法定形式为之的赠与具有合同拘束力，但仅一方当事人承担合同义务。欧盟既有法中视赠与合意为合同的代表是帕维亚项目。帕维亚项目是唯一在欧洲法典建议稿第一部分以明确条款定义合同的，其第1条规定："合同是双方或多方当事人确立的，设立、变更或撤销他们之间某种法律关系的协议，该协议也能仅对某一方当事人产生义务或其他效力……"

除赠与以外，借用、保管和无偿提供帮助的合意均属于非互惠的合意。它们同赠与一样都是缺乏对价的合同。我们将其称为无偿合同。各比较研究对象也均原则上承认无偿合同具有强制力，但又无一例外地设定一定的法律限制，并且对无偿合同的强制力是否等同于有偿合同做不同规定。或者规定无偿合同原则上具有强制力，例外情形下不具有强制力。但无论哪种方式，背后都有一个共同的理论基础，即一方当事人不应为他方财富的增加付费。对此问题笔者将另撰专文做全面深入的研究。

（2）未被承诺的允诺：单方允诺、准合同还是合同？

未被受益人或另一方当事人承诺的单方意思表示是否具有拘束力？传统观点认为债权债务只能因合同而产生，法律不可能自动地让某人成为他人的债权人或债务人。但有些国内法规定，允诺即使在未被承诺时也产生权利义务。未被承诺的允诺的经典例子是悬赏金的允诺和使自然之债转化为法定之债的允诺。以下就这两种典型例子切入，比较考察欧洲国家的和超国家的文本。

未被承诺的允诺在比利时、德国和法国均被视为可能具有拘束力的单方允诺。比利时承认单方允诺为一种辅助的债的发生原因。在1980年的两个案件中比利时最高上诉法院认为："要约之拘束力的基础是有意识的单方允诺。"单方允诺因此在比利时成为债之发生原因。但也应注意，这种债之发生原因是辅助性的。在其他债之类型不能为涉诉允诺的拘束力提供正当性基础时，才承认单方允诺为产生债之发生原因。法国判例也承认承诺支付自然之债的单方允诺具有法律拘束力。最近的一个比较有代表性的案例是赌马者案。本案中一方为参与赌马者，另一方为其"代理人"，代为按其指示买马，双方约定"代理人"可以获得"被代理人"任何赢利的10%。在一次买马成功获利后，"被代理人"曾通知代理人来领取百分之十的利润，但之后其拒绝支付，随后产生纠纷至法院。法国最高法院最终承认，虽然双方之前约定之债为自然之债，不具有强制力，但"被代理人"随后以单方允诺承认了这种自然之债，因此自然之债转化为了法定之债，具有强制力。德国则在民法典中明确规定悬赏广告即使在行为人不知情的情况下也具有拘束力。《德国民法典》第657条："某人以公开通告的方式允诺对完成某一特定行为者支付悬赏金的，负有向任何完成该行为的人支付悬赏金的义务，即使行为人在完成该行为时并不知有悬赏金。"第658条："（1）悬赏允诺可以在行为履行之前撤销。这种撤销只有以与悬赏通告相同的形式做出或以特定通知为之，才具有法律效力。（2）可以在悬赏通告中放弃撤销权；规定了确定的履行行为期限的，推定在此期限内放弃了撤销权。"虽然《德国民法典》第657条和第658条规定了悬赏金的单方允诺，但第305条又规定合同中使用标准商业条款的，只有在得到对方当事人同意时才具有拘束力。因此，德国并未在一般意义上承认单方的允诺的强制力。

未被承诺的允诺在意大利被视为一种准合同。意大利民法典第1324条则从一般意义上承认了单方允诺，并规定适用于合同的规则也适用于单方允诺。

英国直接承认单方允诺也可能产生合同拘束力，称为单诺合同。在Carlill案中，法院裁定悬赏金的允诺产生单诺合同，即通过履行行为予以承诺的合同。与《德国民法典》第657条规定不同的是，英国法的这一规则并不适用于履行行为人不知道有悬赏允诺的情形。

就超国家法律文本而言，欧洲合同法原则（PECL）明确承认允诺无须被接受即具有拘束力，但这种允诺不是合同（欧洲合同法原则第2:101条）。欧洲合同法原则第2：107条为未被接受的允诺具有拘束力提供了可能性。该条的注解中提到，要约是一种要求有承诺的允诺。要约人只有在其要约被承诺时，才受其允诺拘束。但另外有一些允诺，在没有被承诺时也具有拘束力，但这种允诺不是合同。并且这种允诺必须为被允诺人知晓，或向公众为之。在1990年海湾战争开始时，X公司在Y国的几个报纸上公开允诺，建立一亿欧元的基金，救济在战争中牺牲的Y国士兵的遗孀。战争结束后，X公司试图逃避支付，X公司受其允诺的拘束。在商业中存在大量未被接受的允诺具有拘束力的情形。如签发行应买方请求签发的不可撤销的跟单信用证，对签证行具有拘束力，由通知行开出的信用证确认书自送达卖方时具有拘束力。一些以第三方为收款人的担保和允诺也适用这种规定（PECL第6：110条）。例如：C向其具有财政困难的子公司的债权人D发信，承诺C将确保D的既有债权得到满足。这一允诺的做出是为了维持C和D之间的公司信誉。即使没有承诺也对C具有拘束力，因为我们假定，C原本就打算即使没有债权人承诺的情况下，也受该允诺拘束。在有些法律中，允诺者可以签发某个包含允诺的债务票据，这种允诺在没有任何潜在关系的情况下也具有拘束力。这种"抽象"的允诺通常要求特定形式，不属于第 1：207 条调整的范围。因此，PECL 第 2：107 条以有限的方式，承认了单方允诺。

据此，未被承诺的允诺在欧洲分歧较大。有的国家视未被承认的允诺为单方允诺，另一些国家视其为准合同，还有些国家视其为合同，也有些国家承认单方的允诺为辅助性的债之发生原因，如比利时。有些国家例外地承认单方的允诺具有强制力，如德国。另一些国家从一般意义上承认单方的允诺具有强制力，如意大利。但不管怎样，对单方的允诺的拘束力，大部分法律均有条件地承认。但对单方的允诺是否构成合同，各国分歧较大。

综上，大陆法系合同概念近现代发展主要体现在对单边主义的有限承认。这种单边主义的倾向有两种形式，一种认为，合同依然是一种由至少两方当事人达成的合意，其中仅有一方当事人承担义务的合同即是单边的（类似于视赠与为合同的国家，如德国、法国，赠与须有受赠人的承诺方具有拘束力，并以法定形式为之，但仅一方当事人承担合同义务。欧盟既有法中以帕维亚项目为代表）。这种类型，坚持传统合同概念的形式要件，即合意的形成，但对合意背后的实质内容要求，如是否有对价，稍做让步；另一种形式是，承认纯单方允诺的拘束效力（类似于德国法中，以公开方式做出的单方允诺无须被允诺人承诺即具有拘束力，如悬赏广告。欧盟既有法中以 PECL 为代表）。这种类型，坚持传统合同概念中对实质要件的要求，即有对价，但对形式上当事人是否有合意或意思表示的一致，从宽处理。

3. 关系合同概念的提出

关系合同概念是由美国学者提出的。美国学者将合同分为具体合同和关系合同。具体合同是指独立交付即完成的合同。这种合同中双方当事人的身份和地位不是很重要，合同的义务通过达成的协议约定。关系合同指所有持续一定期间的合同。这种合同一般有固定的存续期间，当事人之间关系性较强，也可以根据具体环境的变化在合同履行期间协议修改。判定关系合同的标准一般包括合同期间的长度、合同条款的内容等。美国从合同到关系的转变经历了三十余年，同一时期，从合同到合同关系认识的变化同样存在于欧洲，其代表国家是法国和德国。

法国合同法中合同和合同关系两个词基本上没什么区别。但严格意义上讲合同关系已经超出了客观的履行标准，涉及一系列潜在的更为主观的合同因素，如信赖、预期等等。合同不再仅仅是冷漠的、机械的交换，而是包含着一种因合同而产生的社会存在。法国商法典在 2001 年的修订中，在第 442 条增加了中止"固定的商业关系"（established commercial relationship）时对另一方的诚实义务。固定的商业关系，包括了公司之间的所有关系，但排除有消费者参与的关系（该法适用于货物销售和服务提供）。虽然此处限于"商业"关系，但"关系"一词揭示了合同当事人之间并非仅仅是互惠义务的履行。虽然法院在适用上述法国商法典第 442 条时并未给予"固定的商业关系"明确的界定，也不可能建立明确的标准来判定这种关系，但法院在实践中为判断这种关系是否存在提供了某些参考因素。学者将之归纳为两个标准：关系的强度和时间跨度。法国合同法中"固定的商业关系"一词，是在违约的情境下使用的。例如，若代理人以终止订单或减少订单的方式，突然破坏已确立的商业关系，没有遵循必要的告知期间（这种告知期间视双方商业关系的时间长度或法律规定的最短期限而定），那么此代理人必须承担侵权责任并赔偿对方由此遭受的所有损失。法国没有从一般意义上明确承认"关系"这一概念，以免合同关系被滥用。虽然任何人都有终止合同"关系"的权利，但该权利不得滥用。

将"关系"这一观念性的存在概念化，似乎有助于我们总结其意义：承认这类合同的不完美性，开始强调一些更灵活的要件。从商业交换、严格履行和明确责任，到对当事人行为和义务的评价转化的路径在法国和德国有异曲同工之妙。

考察德国的关系合同必须首先明确两个概念：一是，《德国民法典》第 241 条规定的一般性义务关系（obligation relationship）。一般性义务关系包括法律规定的或合同约定的义务（《德国民法典》第 241 条第 1 段），并包括告知义务、勤勉义务、对方财产权和其他权益的义务在内的附随义务（《德国民法典》第

241条第2段）。这种关系比一般的侵权责任的范围要广。二是，与之平行的"固定的商业关系"（permanent commercial relations）概念。德国判例法从20世纪初期开始承认"固定的商业关系"概念，这一概念同样包括告知义务、对他人的尊重勤勉义务，甚至比在简单的"义务关系"中更为强调。最后，根据德国的劳动法，雇主和雇员之间具体的法律拘束比附随义务更广，包括案例中常提及的忠实关系（loyalty relationship）或忠实义务（loyalty obligations）。

关系合同概念的提出对现代合同制度以及合同权利义务之内容产生了不容忽视的影响，也从一个侧面反映出法律规定或者说法律强制，在合同这一被誉为最具有自由主义传统的领域中的生命力。

上述各种合同的定义，虽然角度不同，但具有共同的核心。从对欧洲各国合同定义的梳理来看，或强调意思表示，或强调合意，或突破合同成立的形式要件，承认单方的允诺具有合同拘束力，或直接视商业环境中的某些合同为一种特定的关系。各种定义关注点有所不同，以致关于合同成立、生效等具体规则的设置上略显差异。但上述各种定义方式的实质却是一致的，都坚持互惠和交换关系为合同概念的核心，即最典型的合同，一定是互惠互利的，是当事人意思或意思表示一致的产物。因此，就合同概念的核心要素，欧洲各国是基本达成一致的，这从第一部分关于欧盟既有法中各种具体形式的合同定义中，也可以得到印证。就非互惠的合意和未被承诺的允诺而言，主要欧洲国家和欧盟既有法均在具体情形下承认它们的拘束力。但究竟是以合同的形式还是以法律特别规定的形式赋予非互惠的合意或未被承诺的以强制力，各法律文本的分歧较大。对这种分歧的具体表现以及背后深层次原因的分析，作者将另撰文做更深入细致的比较研究。

（三）结论

合同概念的外延越往外越模糊不清。考察大陆法系合同概念的外延可知，赠与的强制力规则在大陆法系各国基本达成共识：一般赠与合同在符合法律规定的形式要件后原则上具有强制力，特殊赠与则因理论上给予其对价或因有利于社会而被法律赋予强制了。借用、保管和提供无偿服务合同的强制力问题欧洲各国制度悬殊，其根本分歧在侧重保护允诺人还是侧重保护被允诺人。借用和保管合同中，自然法学派的观点侧重保护出借人，如西班牙、德国、葡萄牙、荷兰和希腊；接近于罗马法的规定即严格坚持合同的强制力，如奥地利、苏格兰、英格兰和爱尔兰；既给予出借人罗马法般的保护方式也兼顾了后来的自然法学派的主张，如意大利民法。因此以上规则的不同主要源于两个关注点的差异：后期经院哲学家关注的"无偿"；罗马学者关注的"善意行为无障碍"。借用、保管和提供无偿帮助的合同本质上都是一种无成本的善意行为。因此，基本上各国均坚持，在保证行为无偿的条件下赋予该允诺强制力，以兼顾被允诺人的信赖利益。人格标识许可使用合同的解释与适用应遵循传统合同概念的理论基础、内核和外延。

四、人格标识商业使用权的侵权规则

（一）人格标识商业使用权侵权规则的现状考察

1. 人格标识商业使用权是受侵权规则调整的民事法益

根据我国民法典第一千一百六十四条，民事权益遭受侵害产生的法律关系受侵权规则的调整。民法典继续援用了开放式立法模式。学术界对民事权益作为侵权法保护对象基本达成共识，但对民事权益的理解尚存分歧，有以下三种观点：第一种观点认为民事权益包括民事权利和民事权利外应受法律保护的正当利益，即法益；第二种观点认为民事权利是指绝对权和法律明确规定的合法利益，法律明确规定的合法利益包括债权和其他利益；第三种观点认为民事权益是指绝对权和未被法律规定为民事权利的合法利益，包括人格利益和财产利益，债权是属于绝对权之例外。上述观点的共识在于：（1）权益包括权利和法益，其中绝对权是侵权责任法保护的核心；（2）法益应以法律有明确规定或具有正当性为条件。上述观点的分歧在于：（1）债权是否是侵权责任法保护的对象；（2）法益应由法律明确规定来确定还是以具体利益的正当性来确定。我国民法典通过对人格标识许可使用的规定，明确了人格标识上的财产利益是一种应受保护的利益。人格标识商业使用权是从标表型人格权的使用权能衍生而来的一种财产权，具有绝对性和对价性，属于侵权规则保护的民事法益应无障碍。

2. 人格标识商业使用权侵权的归责原则与构成要件

权利与法益之不同仅在形式上而非实质上。侵权责任规则对权利和法益是否区别对待主要体现在侵权责任构成要件上是否有宽严之别，核心在于是否因侵害的是权利或法益适用不同的归责原则。传统民法学界和民事立法对此有两种代表性学说，即区别保护说和平等保护说。

区别保护说认为侵权责任法应当对权利和法益区别对待。法益不具有确定性和可预见性，若给予其等同于权利的保护，将使得侵权人责任过重、诉讼泛滥。区别保护说的代表立法是《德国民法典》。德国民法中判断一般侵权责任是否成立的前提是确定被侵害的是权利还是法益。这一判断具有双重功能，一是确定侵权责任类型和法律适用依据；二是确定适用何种侵权责任构成要件。德国区别保护民事权利和法益的方式使得德国侵权责任法的保护范围过窄。德国民法学说和实务近年来一直致力于通过扩张解释《德国民法典》第823条第1项中的"其他权利"使各项应受保护利益被权利化，或通过扩张合同责任的适用范围弥补侵权责任法保护范围过窄的缺陷。区别保护说使得侵权责任的规范模式清晰，提高了法律的可预见性，其产生的困境也显而易见。

平等保护说对权利和法益概括地予以平等保护，适用相同的侵权责任构成要件。此学说的代表立法是日本民法和法国民法。根据日本民法第709条的规定，日本侵权责任法保护的是"权利或法律上保护之利益"。法国民法典第1382条和第138条将因过错造成他人损害的行为作为承担损害赔偿责任的依据。权利的损害和利益的损害并无差别。法国法院一向持开放态度，不特别强调被侵害的是权利还是法益。英美法国家的侵权责任法没有一般性规定，由各个类型的侵权责任组成。不同类型的侵权责任构成要件和保护客体不同。有些类型保护权利，有些类型保护法益。法院不区分受保护的是权利还是法益，只判断被侵害的利益或权利是否应当保护。英美法国家的侵权责任法也没有区别对待权利与法益。

我国民法典第一千一百六十四条摒弃了原侵权责任法第二条列举民事权益的立法方式，采用了对权利和法益同等保护的立法态度。人格标识商业使用权侵权的归责原则适用民法典第一千一百六十五条第一款的过错原则。据此，人格标识商业使用权侵权责任的构成要件包括：侵权行为、过错、损害结果和因果关系四个要件。人格标识商业使用权侵权诉讼中的举证责任适用谁主张谁举证的一般举证原则。

3. 人格标识商业使用权侵权损害赔偿额的确定方法

人格标识商业使用权作为一种与人身相关的法益，其侵权损害的计算方法适用我国民法典第一千一百八十二条。该条是在原侵权责任法第二十条的基础上修改而来。从立法目的与立法技术角度分析，侵权责任法的制定过程中第二十条的内容首次被提上讨论议程是在侵权责任法草案第三次审议中。草案中提到："……侵害姓名权、名誉权、肖像权、隐私权等造成财产损失的，不少情况下损失赔偿额难以计算，草案应当进一步对侵害人身权如何赔偿作出规定。"在接下来的第十一届全国人民代表大会常务委员会第十一次会议上，该条内容最终确定。本条规定的立法目的就是解决人格标识被擅自商业使用造成财产损失的计算问题。民法典编纂的过程中考虑到损失通常难以确定的事实，以及司法实践中通常直接以获利确定损失的现状，将损失难以确定时才以侵权获利确定赔偿额，修改为可以通过实际损失或侵权获利确定赔偿额。据此，人格标识商业使用权侵权损害赔偿额的确定，既可以选择以实际损失为基础确定，也可以选择以侵权获利为基础确定。侵权获利或实际损失均不能确定的由当事人协商，协商不成由法官自由裁量。

（二）人格标识商业使用权侵权规则的运行反思

人格标识商业使用权侵权适用一般侵权责任的归责原则和构成要件，那么司法实践中过错责任原则与一般侵权责任构成要件如何运行？下文将基于案例的考察从过错、以营利为目的、损害的性质及其判断标准、因果关系几个方面进行观察和反思。

1. "过错"与"未经同意"的定位模糊

按照我国一般侵权规则，过错应是侵权责任构成要件之一。但我国司法实践中的普遍做法是将过错作为确定损害赔偿额时的考虑因素。法院在认定是否构成侵权时经常论及"未经同意"这一事实。法院对未经同意的判断思路，归纳起来有如下两种：一是不存在许可使用协议，即未经同意；二是虽存在许可协议，但以下情形仍属于未经同意：（1）超出许可协议约定的期限；（2）违反许可协议约定的形式；（3）超出许可协议约定的范围。但法院对未经同意与过错之间的关系甚少探讨，致使过错与未经同意这两个事实在侵权规则中的定位模糊。事实上，未经同意擅自商业使用他人人格标识，即是一种明知不可为而为之的故意。侵权人是否具有过错是侵权责任构成要件之一，过错的程度才是确定损害赔偿额时的参考因素。

2. "以营利为目的"的定位及其判断标准的分歧

人格标识商业使用权侵权中以营利为目的是否是侵权责任构成要件之一，我国司法实践尚存在分歧。有的案例明确将以营利为目的作为认定是否构成侵权的要件之一。

关于"以营利为目的"的判断标准，存在形式判断与实质判断两种分歧。形式判断以侵权主体性质是否属于营利性机构作为判断行为是否具有营利性的依据。实质性判断从行为本身考察是否具有营利目的，侵权主体是否营利性主体仅是参考因素。如陕西某企业专修学院案。该案中法院认为不能因为侵权人是非营利性的教育机构就认定其行为不具有营利的目的。

3. 关于损害赔偿性质的分歧

司法实践中通常承认人格标识商业使用权是受侵权规则调整的法益，但对人格标识商业使用权侵权造成的损害的性质尚存分歧，有精神损害赔偿说、财产损害赔偿说和损失补偿说三种判决观点。精神损害赔偿说认为人格标识商业使用权仍属于传统人格权的范畴，被侵害时只能主张精神损害赔偿。如，袁某与某晚报社肖像权纠纷上诉案。该案中法院通过高额精神损害赔偿获得结果正义，将精神利益的保护扩大至财产利益的保护。财产损害赔偿说认为人格标识商业使用权是一种财产权，被侵害时应直接给予财产损害赔偿。如，张某诉江苏某化妆品有限责任公司等肖像权纠纷案，该案法院明确判决某公司未经授权使用张某肖像于商业广告，应赔偿经济损失。损失补偿说对人格标识商业使用权属于人格权还是财产权不置可否，以损失补偿模糊损害的性质。如，董某诉某公司案。该案回避了损害的性质，判决被告赔偿损失 25 万元。上述三种对损害赔偿性质的分歧实质上是对人格标识商业使用权权利定位的分歧。至此，应明确的是：人格标识商业使用权是一种特殊的财产权，应当依据民法典第一千一百八十二条的规则确定财产损害赔偿数额。

4. 损害赔偿数额的不确定与因果关系的缺位

司法实践中认定的财产损失只限于实际损失，暂时未见将权利人预期利益的损失纳入考虑范围的案例。实际损害数额确定时参考权利人曾经许可使用的报酬、原告的知名度、侵权人获得的利益、侵权人的过错程度等因素。这些因素成为法院判决时的考虑因素，但各因素在决定损害赔偿额时如何发挥作用不明确，损害赔偿数额从几万、十几万到几十万，甚至上百万不等。人格标识商业使用权侵权案件的可预见性较低，一个重要原因在于判断损害赔偿额时缺乏对侵权行为与损害结果之间因果关系的论证，过于依赖法官的主观判断。

（三）人格标识商业使用权侵权规则的完善向度

基于人格标识商业使用权侵权规则在运行过程中关于侵权行为、过错、因果关系和损害等方面存在的分歧和疏漏，同时吸收司法实践中有益的探索经验，下文将从一般侵权规则解释与适用的角度，逐一寻求完善的路径。

1. 侵权行为：以营利为目的使用他人的人格标识

以营利为目的是人格标识商业使用权侵权行为成立的必要条件。不以营利为目的使用人格标识是非商业使用，属于标表型人格权侵权的范畴。以营利为目的使用人格标识最典型的代表是商业广告但不限于商业广告，还包括用于企业名称、产品宣传介绍等。以营利为目的的判断标准应采取实质性判断标准即以被告行为的性质作为判断依据。我国司法实践中累积的以下几种具体判断方法值得参考：其一，正面考察法。通过正面考察被告行为之主要目的确定是否具有营利目的。其二，反面考察法。通过反面考察行为是否具有公益性质确定是否具有营利目的，被认定具有公益性质的行为则不具有营利目的。其三，结果反推法。以行为的结果作为认定行为营利性质的依据，实际获得了经济利益的行为，就是以营利为目的的行为。在举证责任分配上，由原告就被告的行为具有营利目的承担举证责任，被告对行为不具有营利目的承担举证责任。

使用他人人格标识的判断需基于以下两个事实：其一，使用了"他人的"人格标识。这一事实判断的关键在于可识别性，即是否能从使用中识别出"他人"。可识别性的判断应建立在具体案件事实基础上，很难统一标准，须综合使用的目的、受众群体以及损害利益等因素由法官自由裁量。具有可识别性的情形可能是基于能被大部分人从使用中识别出来，也可能是受众者中 50% 或 60% 能识别出来，或能被权利人的亲属或朋友识别出来。其二，人格标识的范围。确定人格标识的范围应与前述可识别性标准联系起来。除了肖像、姓名、声音等民法典明确认可的人格标识外还有几种较具争议的情形，比如自传性的个人信息、为公众熟知的个性特征、人格标识的模仿等，均需在案件事实基础上结合可识别性标准判断。上述两个事实均由原告承担举证责任。证明核心是在被告的使用中能识别出原告，有以下几种证明方法和途径：其一，对比被告使用的人格标识与原告人格标识的相似性；其二，检测语境中点和面是否存在呈几何相加后指向原告的情形；其三，以受众者对被告所使用的人格标识的评论来证明相似性；其四，对一定数量的广告受众者进行调查以确定原告能否从被告使用的人格标识中被识别出来。

2. 过错：未经同意或授权

未经同意或授权的使用是对故意这一主观过错构成要件的具体化。侵权人明知未经同意或授权仍然商业使用他人人格标识即为故意，包括从未获得授权的商业使用和故意违反约定期限、范围、方式的商业使用。被告是否具有过错是侵权责任的成立要件，被告过错的程度则是确定损害赔偿数额时的考虑因素之一。过错程度的判断视具体案件事实而定，如被告收到原告发出的请求其停止侵害的律师函后仍继续使用原告的人格标识，具有重大过错。

在同意或授权范围内使用他人人格标识不构成侵权。同意或授权一般要求以转让协议或许可协议等明示方式做出。协议内容除了包括使用期限、地域范围、使用方式外，还包括在何种产品或何种媒体上使用等内容。同意拍摄照片不能被推定为同意将该照片进行商业使用。在公共事件中被拍摄的形象可以推定本人默许将其用作新闻报道，但不能推定本人同样默许将其用作商业使用。

基于当事人对不存在的事实不承担举证责任的诉讼规则，被告应就获得同意或授权承担举证责任，被告不能举证证明的，视为未经同意或授权。但原告主张被告超出授权范围、期限或违反约定的授权方式使用人格标识的，由原告对许可协议的内容和违反约定使用的事实举证。同意或授权是一种法律行为，其成立、生效及解释适用法律行为的一般规定。

3. 财产损失：范围、方法与举证责任

人格标识商业使用权侵权行为造成的财产损失包括实际损失和可得利益损失。人格标识商业使用权与传统财产权不同，实际损失实质上是一种应获得利益的丧失，即，假设侵权人与权利人签订许可使用合同且许可使用合同按侵权行为约定期限和使用方式的情况下，权利人应获得的利益。这也是为何司法实践中通常参考人格标识的类似许可费用来确定实际损失。可得利益损失指的是原告将来可能在其职业或许可使用中获得的收入。可得利益损失难以确定，但在人格标识商业使用权人正在与第三人就许可使用人格标识进行磋商，因侵权人擅自使用其人格标识于类似产品造成许可协议缔结失败的情形下,可得利益损失是可以确定的。

人格标识商业使用权作为一种与人格密切相关的财产权，财产损失的确定方法适用民法典第一千一百八十二条，按照权利人受到的损失或侵权人获得的利益来赔偿。确定权利人受到的损失可以参考许可使用费和知名度两个因素。原告曾经许可他人商业使用人格标识的情形下，法院可以参照类似情形中的许可使用费

确定损害赔偿额。考虑这一因素的重点和难点在于类似情形的判断。原告知名度与人格标识之财产价值的大小密切相关。通常知名度越高，财产价值越大，人格标识的市场价值可以通过评估等方式确定。确定侵权人获利的难点是如何通过营利与侵权行为之间的因果关系来限定侵权获利的范围。

关于财产损失的举证责任，在确定侵权责任是否存在时不需要证明实际的、量化的损害，只需证明可能存在损害。原告请求停止侵害的，无须举证证明侵权行为造成的具体财产损失数额。原告请求赔偿损失则必须举证证明实际损害的存在及其数额。原告可以通过专家证人出具专业意见，人格标识市场价值的评估或提供曾经签订的许可使用协议、收费凭证，或同类型许可使用的收费标准等证据予以证明。以被告的获利大小确定损失时原告只需证明产品销售收入，必要开支和成本则由被告举证。

4. 因果关系：类型、作用与举证责任

财产损失应当与侵权行为存在因果关系。因果关系的考察因损失确定方法不同而不同。确定权利人受到的损失时，考察侵权行为与权利人的损失之间的因果关系，如许可使用费的丧失。通过侵权获利确定实际损失时，考察侵权人的获利与侵权行为之间的因果关系。以权利人的损失确定损害赔偿额的重心是认定人格标识在类似商业使用中的价值，因果关系的作用凸显在类似情形的判断。以侵权获利确定损害赔偿额时，因果关系的作用凸显在获利剥夺范围的限制，只有因侵权行为获得的利益才可被剥夺。通常，权利人即使可以举证证明侵权人在擅自使用人格标识期间的营业收入，也很难进一步确定哪部分收入是因人格标识的使用产生的。侵权获利剥夺在知识产权法配套了比例规则。比例规则要求被告举证证明产品价值和销售额中不是因侵权行为而获得的部分。人格标识商业使用权侵权案件中可进一步借鉴知识产权的比例规则，由原、被告分担侵权获利中因果关系的举证责任：原告举证证明因被告擅自使用人格标识获得的营业收入，被告举证证明营业收入中与人格标识的使用不具有因果关系的部分。

5. 合理使用：民法典第一千零二十条及其补充

我国民法典第一千零二十条规定在合理范围内以合理方式对他人人格标识的非商业使用属于合理使用，不构成侵权。该条以行为目的为判断标准，列举了下列不以营利为目的的行为：为个人学习、艺术欣赏、课堂教学或者科学研究；为实施新闻报道；国家机关依法履行职责；为展示特定公共环境；为维护公共利益或者肖像权人合法权益。上述行为均为不以营利为目的的非商业使用，重在以传播信息为目的，而商业使用以获得商业利益为目的。为以上几种目的的并在合理限度内使用他人人格标识构成合理使用。现实案例中商业使用和非商业使用常混杂在一起。比如在认定"为新闻报道"时，由于新闻和娱乐的界限越来越模糊，新闻娱乐化倾向明显且判断是否属于新闻报道时主观性大又缺乏明确标准，法官只能在个案中寻求自由裁量的空间，找到最佳利益平衡点。

除民法典第一千零二十条列举的合理的、不以营利为目的使用属于合理使用外，下列以营利为目的的使用也可能构成合理使用：（1）转化性、创造性使用。转化性、创造性标准借鉴了著作权法中的"合理使用"规则。如果被告使用他人人格标识时做了实质性的转化或创造加工就成为被告自己的成果，不构成人格标识之财产利益侵权。（2）偶然性使用。偶然地使用他人人格标识有两种情形：一是无指向意义的使用。使用人格标识的尺度或时间只是整体的一小部分且没有实质性内容时构成无指向意义的使用，如原告只是被告纪录片中的39个角色之一，无指向意义地使用产生的经济利益微乎其微。二是复制或复播他人广告的一部分。如某杂志使用原告照片做广告，被告截取该广告的部分内容使用。（3）非首次销售抗辩。非首次销售抗辩是指权利人已经许可某产品使用其人格标识，则不能再向该产品的下游零售商要求额外支付费用。该产品的下游零售商在该产品上按照原方式使用人格标识不构成侵权。

在人格标识上财产利益从承认到确权再到系统保护的发展过程中，人格权法、知识产权法和反不正当竞争法都曾参与发挥作用。目前世界范围内也存在德国的一般人格权模式、美国的公开权模式和英国的反不正当竞争法模式。我国民法典关于人格权的创造性规定，尤其是对人格标识商业使用的立法确认，为世界贡献了新的思路。人格标识商业使用权是与自然人的人格具有稳定联系的特殊财产权，适用一般侵权规则予以救济。人格标识商业使用权侵权规则在解释与适用上的日臻完善，需要司法实践与学术研究的共同智慧。

参考文献

（一）著作类

[1] 陈龙江．人格标识上经济利益的民法保护——学说考察与理论探讨 [M]．北京：法律出版社，2011．

[2] 陈忠诚．法律英语阅读（综合法律）[M]．北京：法律出版社，2006．

[3][英] 沃克．牛津法律大词典 [M]．北京：光明日报出版社，1998．

[4][德] 施瓦布．民法导论 [M]．郑冲，译．北京：法律出版社，2006．

[5][德] 卡西尔．人论 [M]．甘阳，译．上海：上海译文出版社，1985．

[6] 关今华．精神损害赔偿的认定与赔偿 [M]．北京：人民法院出版社，1996．

[7] 江平．民法学 [M]．北京：中国政法大学出版社，2000．

[8][德] 拉伦茨．德国民法通论（上册）[M]．王晓晔，邵建东，程建英，徐国建，谢怀栻，译．北京：法律出版社，2003．

[9] 李开国．民法总则研究 [M]．北京：法律出版社，2006．

[10] 李锡鹤．民法哲学论稿 [M]．上海：复旦大学出版社，2000．

[11] 梁慧星．民法总论（第 2 版）[M]．北京：法律出版社，2001．

[12] 梁书文主编．损害赔偿法律手册 [M]．北京：人民法院出版社，1997．

[13] 梁书文，回沪明，杨振山主编．民法通则及配套规定新释新解 [M]．北京：人民法院出版社，1996．

[14] 龙卫球．民法总论 [M]．北京：中国法制出版社，2001．

[15][英] 洛克．政府论（下篇）[M]．叶启芳，翟菊农，译．北京：商务印书馆，

1964.

[16][德]福克斯.侵权行为法（2004年第5版）[M].齐晓琨，译.北京：法律出版社，2006.

[17] 马特，袁雪石.人格权法教程[M].北京：中国人民大学出版社，2007.

[18][德]梅迪库斯.德国民法总论[M].邵建东，译.北京：法律出版社，2001.

[19] 史尚宽.债法总论[M].北京：中国政法大学出版社，2000.

[20] 苏永钦.寻找新民法[M].台北：元照法律出版社，2008.

[21] 佟柔.民法原理[M].北京：法律出版社，1983.

[22] 王利明.民法新论（上册）[M].北京：中国政法大学出版社，1988.

[23] 王利明.人格权法新论[M].长春：吉林人民出版社，1994.

[24] 王利明，杨立新.人格权与新闻侵权[M].北京：中国方正出版社，1995.

[25] 王利明.人格权法研究[M].北京：中国人民大学出版社，2005.

[26] 王利明主编.民法典·人格权法重大疑难问题研究[M].北京：中国法制出版社，2007.

[27] 王利明，周友军，高圣平.中国侵权责任法教程[M].北京：人民法院出版社，2010.

[28] 王胜明.《中华人民共和国侵权责任法》解读[M].北京：中国法制出版社，2010.

[29] 杨立新.民法判解研究与适用[M].北京：中国检察出版社，1995.

[30] 杨立新.人身权法论[M].北京：中国检察出版社，1996.

[31] 张俊浩主编.民法学原理[M].北京：中国政法大学出版社，1991.

[32] 张俊浩.民法原理[M].北京：中国政法大学出版社，2000.

[33] 张新宝.中国侵权行为法[M].北京：中国社会科学出版社，1995.

[34] 张新宝.名誉权的法律保护[M].北京：中国政法大学出版社，1997.

[35] 张新宝.侵权责任法原理[M].北京：中国人民大学出版社，2005.

[36] 张新宝.侵权责任构成要件研究[M].北京：法律出版社，2007.

[37] 郑永宽.人格权的价值与体系研究[M].北京：知识产权出版社，2008.

[38] 中国社会科学院语言研究所词典编辑室 . 现代汉语词典 [M]. 北京: 商务印书馆，2002.

[39] 最高人民法院中国应用法学研究所 . 人民法院案例选（1997 年第 2 辑）[M]. 北京：人民法院出版社，1998.

[40] 最高人民法院中国应用法学研究所 . 人民法院案例选民事卷（上）（1992—1996 合订本）[M]. 北京：人民法院出版社，1999.

（二）论文类

[41] 王利明 . 论人格权请求权与侵权损害赔偿请求权的分离 [J]. 中国法学 ,2019(1).

[42] 姜福晓 . 人格权财产化和财产权人格化理论困境的剖析与破解 [J]. 法学家 ,2016(2).

[43] 房绍坤 , 曹相见 . 标表型人格权的构造与人格权商品化批判 [J]. 中国社会科学 ,2018(7).

[44] 严城 . 论人格权的衍生利益 [D]. 黑龙江大学法学院 ,2010.

[45] 刘银良 . 角色促销：商品化权的另一种诠释 [J]. 法学 ,2006(8).

[46] 温世扬 . 论"标表型"人格权 [J].. 政治与法律 ,2014(4).

[47] 张红 . 民法典之姓名权立法论 [J]. 河北法学 ,2019(10).

[48] 冉克平 . 论冒名处分不动产的私法效果 [J]. 中国法学 ,2015(1).

[49] 张红 . 混淆姓名之侵权责任 [J]. 财经法学 ,2015(4).

[50] 杨代雄 . 使用他人名义实施法律行为的效果 [J]. 中国法学 ,2010(4).

[51] 张平华 . 人格权的利益结构与人格权法定 [J]. 中国法学 ,2013(2).

[52] 李琛 . 质疑知识产权之 "人格财产一体性" [J]. 中国社会科学 ,2004(2).

[53] 尹田 . 论法人人格权 [J]. 法学研究 ,2004(4).

[54] 王叶刚 . 论可商业化利用的人格权益的范围 [J]. 暨南学报 (哲学社会科学版),2016(11).